仏教福祉の考察と未来

――仏教の死生観――

長谷川匡俊

国書刊行会

はじめに

本書に先立って、筆者は二〇一一年に『念仏者の福祉思想と実践―近世から現代浄土宗僧の系譜―』（法蔵館）を著している。そこでは主に浄土宗の念仏僧に見られる福祉思想と実践の歴史を、近世江戸時代から近現代を通して系譜的に跡付けたのであった。平たく言えば、「念仏者にとって、福祉とは何か」を歴史的文脈の中で問い続け、筆者なりの解答を提示したものである。

これに対して本書は、内容・形式ともに論文もあれば講演や対談の記録もあり、また歴史研究もあれば今日的課題への提言もあるといった具合で、あまり体系だった構成になっているわけではないが、さりとて無原則に内容構成を図っているわけでもない。

本書にはこの四半世紀の間に筆者が発表した一三本の論文他を収めているが、その間筆者は「仏教（社会）福祉」の捉え方に関して、「仏教と福祉」の結合様式論を独自に提起し、三つのパターンがあることを指摘した（一六～二三頁）。そこから導き出される「仏教福祉」の意

義と役割は、
①福祉理念の基礎付けとその深化発展に寄与し得ること
②実体概念としての社会福祉を価値の面から問い返すこと
③実践主体の基本的スタンスの確立
の三点に集約されると考える。

一方、別の機会に、「仏教が社会福祉に果たし得た役割」といった観点から、三つの方面があることを指摘した（一二頁）。すなわち、
①仏教に基づく社会福祉理念（社会福祉の理念を仏教に求めるもの）
②仏教に基づく社会福祉実践思想（実践の動機付けとしての仏教思想と仏教信仰）
③仏教（実践主体としての教団・寺院・仏教者）に基づく社会福祉の実践
であり、この三要素は相互に関連もしている、ということである。

目下のところ、上記の二つを十分整理するまでに至っていないが、どちらかと言えば、前者は理念的で、後者は実際的な区分となり、①②③はそれぞれ対応関係にあると言ってもよい。このうち本書の三部構成は、ほぼ後者の区分にしたがって、Ⅰ仏教と福祉の結合、Ⅱ仏教福祉の思想と実践、Ⅲ「死」の福祉、となっている。それぞれの冒頭に論文構成の趣旨コ

ラムを設けて読者の便を図った。
なおⅢに関して一言しておきたい。高齢社会、医療テクノロジーの急速の進歩と生命倫理への関心、そして災害多発の時代を迎えて、社会福祉の世界でも、これまでの生者一辺倒の福祉からの脱却、「ターミナルケア」など「死」の福祉の視点が欠かせなくなってきたことへの対応の意味が加わっている。「死」のテーマは「生死一如」を説く仏教の得意とするところであり、古来身近な問題として仏教者が関わりを持ってきた。筆者自身もその智慧に学ぼうと実践的な関心を寄せ、論文等を発表してきた経過がある。

振り返ってみると、長きにわたり筆者がこのような「仏教（社会）福祉」の研究に従事できたことは、己の関心を別とすれば、身を置く教育研究環境の賜物である。本務校たる淑徳大学での学部・大学院の授業「福祉思想論」「宗教福祉論」「仏教福祉論」担当。大正大学大学院での「仏教社会福祉特論」担当。浄土宗総合研究所における「仏教社会福祉研究班」での活動。長谷川仏教文化研究所における仏教社会福祉関連プロジェクト研究。その発展的活動としての科研費による共同研究。日本仏教社会福祉学会を通じての先達の教示、会員相互の研究交流など、今にして思えば、実に恵まれた教育研究環境のなかで過ごさせていただいたものだと感謝して止まない。

あえて今一つ加えておこう。もしも本書が、「仏教社会事業」の実践とその体系化に生涯をかけて挑んだ師父・長谷川良信の熱誠に、多少とも応えられたとするならば望外の幸せである。読者諸氏には忌憚のないご批判・ご叱正をいただきたい。

長谷川　匡俊

目次

目次

Ⅲ 「死」の福祉

I　仏教と福祉の結合

これまで筆者は一貫して、仏教の視点から福祉を考えようとしてきた。それは筆者の研究領域がもともと日本史学をベースに、日本の仏教史や社会福祉の歴史を学び、そこから、仏教と福祉に橋を架ける「仏教（社会）福祉」という分野に実践的な関心を持ってきたからである。

先年、「仏教が社会福祉に果たす役割」（『ザ・法然』第一七号、二〇〇五）を執筆し、その中で、仏教は社会福祉にとっていかなる役割を担い得るであろうかと問題提起し、以下の三つの面があることを指摘した。第一に仏教に基づく社会福祉理念（社会福祉の理念を仏教に求めるとらえ方）、第二に仏教に基づく社会福祉実践思想（実践の動機づけとしての仏教思想と仏教信仰）、第三に仏教（教団・寺院・仏教者）に基づく社会福祉の実践であり、この三者は相互に関連しているものである。

本書の「I　仏教と福祉の結合」に収録した論考は、結合様式について三つのパターンを提起し、主に第一の「仏教に基づく社会福祉理念」に関連するものである。具体的には仏教の「一切衆生《いっさいしゅじょう》悉有《しつう》仏性《ぶっしょう》」「因縁《いんねん》生起《しょうき》（縁起）」「浄仏国土《じょうぶっこくど》・成就衆生《じょうじゅしゅじょう》」などの基本理念に照らして、今日における福祉価値としての、人間の尊厳性、個の尊厳、平等性、社会連帯、共生、自立、自己実現、平和共存、生命尊重などの本質に迫り、これを深化させていくことを提示したものである。

第一　仏教と福祉の結合から見えてくるもの

一、仏教社会事業は過去のものか

かつて思想史家の家永三郎は、自著『中世仏教思想史研究（改訂増補版）』収載の「日本仏教の今後の生命」と題する一文において、専門の歴史的な見地から仏教の構成要素を外面的活動と内面的思想の二方面に分け、それぞれ三つの分野があることを示したうえで分析を加え評価を下した。

外面的活動として「葬送儀礼」「仏教芸術」とともにあげられたのが「社会事業」である。家永はいずれに対しても否定的だが、社会事業について、

今後真にすべての国民のための政治が実現せられるならば、社会的困窮の救済はかかる個人的乃至《ないし》一部的『慈善』事業に委ねらるべきではなく、国家の事業として政治の上

に実現せられなくてはならない。それ故に今後の救済事業は宗教家の任務ではなく、仏教がその生命をここに託することも亦不可能となる。(1)

と述べ、歴史上、仏教者が社会事業に果して来た役割を認めながらも、将来に向けては期待していない。他方、内面的な思想に関しては、「修道（禅）」「哲学」「信仰」の三つをあげ、前二者の限界を指摘しつつ、とくに第三の信仰、なかんずく阿弥陀信仰に基づく悪人正因説とその背後にある仏教の否定の論理に高い評価を与えている。

さて、家永説には「福祉国家」への大きな期待が前提とされているわけだが、当時とくらべその方向は格段に前進したとはいえ、現状は、少子・高齢化の進展と国家の財政状態の悪化が深刻化するなかで「福祉国家の再構築」が問われるという極めて厳しい環境下にある。くわえて、社会福祉の目指す方向もキャッチ・アップ型の「量」重視から、低成長下における「質」重視、つまり多様化へとシフトしてきている。

広井良典が指摘するように、「福祉」が従来からある「低所得性に着目した施策」から、「対人社会サービス」へとその対象領域を拡大（普遍化）し、福祉の市場化など供給主体の多様化の問題、公私の役割分担、財政と供給の適正な関係など、新たな段階に入ってきたのである。(2)

したがって、民間社会福祉（事業・活動）の一翼を担う仏教福祉（事業・活動）に関しても、

「仏教社会事業」の歴史と伝統に学び、改めてその可能性を問うチャンスだと考える。

二、「仏教福祉」の存在理由

そこで本章では、「仏教福祉」を「仏教に基づく福祉」ととらえ、仏教と福祉との（内在的）結合によって見えてくるその性格と意義について、若干の私見を述べてみたい。

この場合の「仏教」には、次の二つの意味がこめられている。

（1）仏教の思想や理念（仏教的世界観、それに基づく方法も含む）と信仰＝A

（2）それを体現している僧俗仏教者、仏教寺院、仏教の団体・組織が実践主体となること＝B

もっとも、厳密な意味での仏教者に限るよりも、仏教のものの見方、考え方（実践原理）に共鳴し、賛同するいわゆるシンパも含めた方がよいかもしれない。

過去の歴史に照らしてみても、日本人の精神生活に及ぼした仏教の影響は計り知れないものがあると考えるからである。また「福祉」にも次の二つの意味がある。

（1）抽象的・理念的・規範的次元における福祉＝a、すなわち目的概念としての福祉

（2）具体的・実践的・現実的次元における福祉＝b、すなわち実体概念としての福祉（こ

の場合は「社会福祉」と称した方がよい）

このうち後者には制度・政策的な面と援助方法的な面との両面があり、それらはいずれも歴史的・社会的に規定された相対的な性格をもつものとして取り扱われる。それゆえ、社会福祉問題の認識と分析解明、その解決方法及び実践等は社会科学としての社会福祉を中心とした諸科学の方法に負うこととなる。

つぎに、上記した「仏教」と「福祉」のそれぞれに含まれる二つの要素をクロスさせれば、その組み合わせは、①Ａａ型、②Ａｂ型、③Ｂａ型、④Ｂｂ型の四組となる。ただし③のパターンは事実上成立しがたいので、以下、他の三つの結合様式を通して「仏教福祉」の存在理由を問うてみよう。

①のパターン「Ａａ型」は、仏教の思想・理念（世界観）による福祉理念の基礎づけということになろう。たとえば、仏教の「一切衆生悉有仏性《いっさいしゅじょうしつうぶっしょう》」「因縁生起《いんねんしょうき》（縁起）」「自他不二《じたふに》」「浄《じょう》仏国土《ぶっこくど》・成就衆生《じょうじゅしゅじょう》」「各々安立《かくかくあんりゅう》」「不殺生《ふせっしょう》」「衆生恩《しゅじょうおん》」などの根本理念に照らして、今日における福祉価値としての人間の尊厳性、平等性、社会連帯、共生、自立、自己実現、平和共存、生命尊重などの本質に迫り、これを深化させていくことである。

②のパターン「Ａｂ型」についてはこう考える。ソーシャルワーカーが福祉の政策及び援

助過程に社会福祉学の方法を用い、さらに関連諸科学の成果をも援用して所期の目的を達成しようとするとき、その制度・政策、事業経営や対人援助サービス等がいかなる理念・目的に立脚するものかは重要である。

そしてその理念・目的を意味づけすることもあれば、批判することもあり、かつ理念・目的の空洞化に警鐘を鳴らすという役割を仏教の思想・理念（世界観）に求めるものである。また実践過程における処遇技術について、仏教固有の方法（技術）論の有効性に着目し、その応用をはかることもあろう。

④のパターン「Ｂｂ型」は、仏教者による社会福祉の政策及び援助過程への参入を意味する。先に述べたことからもうかがわれるように、社会福祉の制度・政策や援助技術が有効に機能するためには、社会福祉学及び関連諸科学の成果に学び、その指示するところに従ってそれが運営・実施されねばならないだろう。

しかしながら、臨床面（とくに対人援助サービスにおいて）にあっては、その対象認識及び援助方法の科学的客観性・合理性・効率性のみならず、自他関係の相互性やしばしば主体者の価値判断が厳しく問われることとなる。したがって、福祉政策担当者やソーシャルワーカーが仏教者であることの意味は、仏教の思想や理念（世界観）、その人の信仰が、対象者（利用者）観や社会観、ケア観など実践主体の基本的スタンスを貫き、かつ実践を内面から支え、力強く方向づけていくものであらねばなるまい。

なお、高齢化社会が生み出す新たなニードとしてのターミナルケアのような場合には、専門的な訓練を受けた仏教者がチームケアの一翼を担うことが望ましいと考えるものだが、今はこれ以上ふれるつもりはない。

三、「自立」・「利用者主体」、福祉実践の意味

それでは上記の各パターンに関して、「仏教福祉」の視点からどのような問題提起が可能か、若干の例示を試みてみたい。

まず①パターンでは「自立」について取りあげよう。近年の自立生活理念の中核は「自己決定権」にあるが、もう一つの重要な側面は「自立的依存」を前提にしていることだという。つまり、生活保護や福祉サービスの利用を前提とし、そのうえにうちたてられる自立で、言いかえれば、「自立的依存」とは依存を前提とする自立である、とする考え方だ[3]。

元来、「依存」は「自立」の反対概念であるが、その「依存（保護や福祉サービスの利用）」を組み込んだ「自立」の提唱である。先の仏教の縁起説によれば、人間（あらゆる存在）は相互に依存関係を結ぶことによってはじめて「自立」（成り立つ）し得る存在であるから、「自立」

は原理的には「共生」を待たなければならない。

ここに、「依存」をネガティブにとらえるのではなく、「共生」に止揚《しよう》する契機としての意味を見出すことができるのではなかろうか。また昨今の環境問題などを視野に入れたとき、仏教の共生思想は、これまでの人間中心主義から他の生命との共存連帯を目ざす新しい福祉理念の構築に資するところ大である。

②パターンでは、社会福祉基礎構造改革で示された「サービスの利用者と提供者の対等な関係」「利用者主体（本位）のサービス」について考えてみよう。この背景には、社会福祉の理念・目的が、保護救済的なあり方から、「その人らしい自立した生活」の支援へと変化し、これまでの行政処分としての措置制度から利用制度への転換を促したことなどがあげられる。

筆者は、こうした「利用者主体」の理念が社会福祉サービスの提供過程に真に生かされるためには、利用者保護の制度的な整備とともに、提供者側にも価値観の転換が図られねばならないと考える。その思想こそ仏教の「福田《ふくでん》思想」ではなかろうか。仏教では、善事を継続的に行い、これを完成してゆくことを「福徳」と呼んでいたが、のちに「福田」と呼ぶようになった。それは善き行為の種子を蒔いて功徳の収穫を得る田地あるいは幸福を生み出す田という意味からきている。

もっとも、この功徳とか幸福とは、即物的な利益などではなく、悟りとか、人格の完成といったことである。仏典には二福田・三福田・四福田・七福田・八福田などが伝えられ、わが国の歴史にあっても、聖徳太子の四箇院《しかいん》（敬田院《きょうでんいん》・悲田院《ひでんいん》・施薬院《せやくいん》・療病院《りょうびょういん》）創建伝承をはじめ、「看病福田」等、仏教者の社会的実践の原動力となってきたことはよく知られている。

ここで見逃せないのは、布施などの善行を積むための対象を「福田」と称している点で、行じる主体（自己＝サービス提供者）よりもこれを受け入れる対象（他者＝サービス利用者）に重い意味づけが与えられていることである。自己の未来に福をもたらす源泉または根拠となるものが、他者ないし相手の方にあるからで、「俺が」という思いあがった態度ではなく、「させていただく」「相手（利用者）あっての私（提供者）」といった「自他不二」の倫理が貫かれている。このように利用者と提供者の関係を、前者は後者のパートナー（対等な関係）とみなし、「利用者本位」で提供される福祉サービスのあり方こそ、まさしく「福田サービス」ではなかろうか。

④パターンでは、社会福祉の現場における日常業務の点検・評価を通して、仏教者としてのソーシャルワーカーの質（面目）が問われることとなる。(4) 福祉ボランティア活動にしてもそうであろう。仏教者としてのボランティア活動は、元来そのかたち（活動の種類や形態）にではなく、動機と振る舞いの中に宗教者としての本質がにじみ出るところに意味があると思うからである。そこで筆者は、仏教者としてのソーシャルワーカーの実践モデルを法然の法語に

ヒントを得て提示し、大方のご批判を乞う次第である。

社会福祉の世界では生活および生活者の概念はとりわけ重要である。それは社会福祉問題を担った社会福祉対象であると同時に生活者としてより良き生（自己実現）を求める主体でもあるからである。そこに個々人の価値志向、すなわち生活者の価値観が問題となろう。この問題を検討するにあたっては、法然の次の法語から学ぶところが多いように思われる。

現世をすぐべき様は、念仏の申されん様にすぐべし。念仏のさまたげになりぬべくば、なになりともよろづをいとひすてて、これをとどむべし。いはく、ひじりで申されずば、めをまうけて申すべし。妻をまうけて申されずば、ひじりにて申すべし。住所にて申されずば、流行して申すべし。流行して申されずば、家にゐて申すべし。自力の衣食にて申されずば、他人にたすけられて申すべし。他人にたすけられて申されずば、自力の衣食にて申すべし。一人して申されずば、同朋とともに申すべし。共行して申されずば、一人籠居して申すべし。衣食住の三は、念仏の助業也。これすなはち自身安穏にして念仏往生をとげんがためには、何事もみな念仏の助業也。(5)（「禅勝房伝説の詞」）

現在の世を暮らすべき方法は、念仏がとなえられるように暮らしなさい。念仏のさまたげにきっとなりそうであるならば、どんなものでも、あらゆるものを嫌い捨てて、これをおやめなさい。

こういった法然は、聖《ひじり》の生活と妻帯生活、定住生活と遍歴生活など、さまざまな生活形態の例をあげ、それらはいずれも相対的な価値でしかなく、ただ一つ念仏のとなえられる環境を選択すればよいと説く。そして、「衣食住の三つは、念仏するための助けとなる事柄」だとし、「自身が安穏に念仏して往生を遂げるためには、どんなことでも、みな念仏の助けとしての行為になる」とされた。

人びとの日常生活・社会生活を直視しながらも、同時に、念仏（信仰＝絶対的・内面的価値）が世俗生活（相対的・外在的価値）の中に埋没してしまうのではなく（ここには冒頭でふれた家永がいう「仏教の否定の論理〈契機〉」がはたらいている）、生活のあり方がより本質的な価値たる念仏（信仰）を助成するはたらきとなるよう求めている。このことは福祉サービス利用者の外在的条件（物的生活）を整えることと、その利用者の内面的条件（精神生活）を充足させることとの関係を考える場合にも参考となろう。

援助の名のもとに、ややもすると提供者側の価値観によって一方的にサービスが施される場合なしとはせぬが、大切なのは利用者の内面的価値（人格）を尊重することではなかろうか。それでこそ、その自己実現を支える力と成り得るであろう。

さらに法然は別のところで、

「縦《たとい》余事をいとなむとも、念仏を申しくこれをするおもひをなせ。余事をし念仏すとは思べからず[6]」（「つねに仰られける御詞」）とも述べている。先の法語とも合わせて考えるとき、それは、念仏という宗教的真実の中でその信仰の社会的発露として日々の業務＝福祉実践が遂行されてゆくということであろうし、日々の業務＝福祉実践（の矛盾・内省、否定の契機）を通してまた自らの信仰（念仏）が磨かれ深められてゆくことでもある。ここに、仏教者としてのソーシャルワーカーの実践モデルを求めることができよう。


以上によって、小論で言及した「仏教福祉」の意義と役割を整理すれば、
①福祉理念の基礎づけとその深化発展に寄与し得ること
②実体概念としての社会福祉を価値の面から問い返すこと
③実践主体の基本的スタンスの確立
の三点に集約されよう。それにしても、仏教者の社会的実践が拡がりを見せるためには、何よりもまず仏教信仰そのものの活性化は欠くことができない。

過去の日本の歴史に照らしてみても、信仰運動（ともいうべきもの）が高揚した時期には、一方で社会的に蔑視され差別された階層や人びと、そして生活上の困難に苦しむ慈善や救済の

対象とされるべき社会の底辺の人びとを見逃さぬ仏教者が輩出しているし、福祉実践にも見るべき足跡が少なくなかったと思うからである。そうした意味で、いま仏教者に問われるのは、その福祉実践の質が仏教信仰の内実と表裏の関係にあることを自覚することではなかろうか。

註

（1）家永三郎『中世仏教思想史研究（改訂増補版）』（法蔵館、一九五五）。
（2）広井良典『ケアを問いなおす―「深層の時間」と高齢化社会』（ちくま新書、一九九七）、同『日本の社会保障』（岩波新書、一九九九）参照。
（3）古川孝順『社会福祉学序説』（有斐閣、一九九四）参照。
（4）筆者は大正大学大学院で、「仏教社会福祉特論」受講生による「仏教系社会福祉施設調査」を、これまで三回〈計約三〇施設〉実施してきた。調査は施設長を対象としてインタビュー形式で行われたものだが、「仏教福祉」を考えるうえで参考になる回答が少なくなかった。既刊報告書二冊。なお、この種の報告書は、その後二〇〇四年度まで六冊の発行をみた。そのうちの二冊は上記と同様の施設調査報告書で、四冊は実践者報告書である。
（5）「禅勝房伝説の詞」（石井教道編『昭和新修法然上人全集』理想社、一九五五）四六二～四六三頁。
（6）「つねに仰られける御詞」（註（5）石井教道編『昭和新修法然上人全集』）四九三頁。

第二　仏教の共生と福祉

一、はじめに

筆者の研究領域はもともと日本史学をベースに、日本の仏教史や社会福祉の歴史を学び、そこから、仏教と福祉に橋を架ける「仏教社会福祉」という分野に関して、実践的な関心を持って今日に至っている。

二、東日本大震災の衝撃から改めて学んだこと

震災を契機に自分が学んできた学問や仏教者としての在り方、そして、教育に従事する者として、自己の問題として、どのようにここから再出発していくかという観点から大震災の

衝撃を二つの面からとらえたい。一つは、「生きるということ、死ぬということ」そして二つ目は、「生者と死者との絆《きずな》」ということである。

（1）生死無常ということ

まず、第一の「生きること、死ぬこと」ということとは、仏教の無常観に即して生死無常ということである。震災と津波によって被災者もそれを取り巻く人々も、一瞬の間に自他の人生が一変してしまったことである。それぞれの人生設計は、木端微塵《こっぱみじん》に打ち砕かれた。子供たちの夢や希望、あるいは、マイホームや自分の仕事の将来への見通しを立てた計画、あるいはまた、かくありたいものだと描いていた老後の生活、それらをひっくるめて、瞬時に打ち砕いたのである。

私たちが、生きるということ、死ぬということ、人生の充実ということ、を改めて考えてみれば、実は、一刻として変化してやまない「無常」のなかで、自己の生き方を常に問うということである。あらためて、時間というものに対する自己の観念が、この震災を契機に、これまでとは違った意味で突きつけられたのである。己のあり方を問い、かつ、実践に向けて動き始めることが肝要である。

（2）生死共生ということ

二番目は、生死共生ということである。戦後、とりわけ高度成長期以降顕著にみられる生者と死者との断絶が、東日本大震災を契機に問い直されることになった点である。多くの犠牲になられた死者たちとのつながりを抜きにして、真の復興を果たせるはずがないことは、被災地の人たちはもとより、国民的な認識になっていかねばならない。そしてこのことは、同時に、共生《ともいき》の思想を深化させていく上で、極めて重要なファクターとなるに違いないのである。

いろいろご指導いただいた私の恩師の吉田久一先生は、

「戦後の学問の原点は、大戦で亡くなられた方々への鎮魂の思い、そして、その方々への責任と義務である」

と折に触れて話されていた。沖縄戦の生き残りの一人でもあり、後に、『八重山戦日記』（吉田久一、一九五三）を刊行され、先生の学問研究の原点がここにあるのだと述べられ、常に警鐘を鳴らされていた。おそらく、高度経済成長に入るまでの戦後しばらくの間は、国民を上げて亡き方々への思いが強かったのではないだろうか。しかし、それがだんだんと、萎えかつ希薄化して、それこそ顧みることさえ失うようになってきた、つまり風化してしまった。まさに生者と死者との断絶である。

生者と死者とのつながり、共生《ともいき》ということについて、数多くではないが、卒業生で亡くなられた方、在学生のご父母で亡くなられた方、また、被災された方々の多い東北の地に出向き、仏前でお勤め（読経）をさせていただく機会があった。ご遺族の方とお話をさせていただくにつけ、生者と死者との共生なくして真の復興、遺族の方々の生活の復興もできないのではないかという思いを強くさせられた。

そこで、大変反響を呼んだ書物で、今も多くの方々に読まれている、いとうせいこうの『想像ラジオ』の一節を挙げたい。彼は、

死者とともにこの国を作り直していくしかないのに、まるで何もなかったように事態にフタをしていく僕らは何なのだ。この国は、どうなっちゃったんだ、……（中略）……亡くなった人はこの世にいない。すぐに忘れて自分の人生を生きるべきだと。まったくそうだ。いつまでもとらわれていたら生き残った人の時間も奪われてしまう、でも、本当にそれだけが正しい道だろうか。亡くなった人の声に時間をかけて耳を傾けて悲しんで悼んで、同時に少しずつ前に歩くんじゃないのか。死者と共に。（いとうせいこう、二〇一三）

と書いているが、突き詰めれば、生者と死者との共生に尽きるだろう。

三、共生の思想

（1）仏教の縁起観に基づく

仏教では、「縁起《えんぎ》」とは「因縁生起《いんねんしょうき》」のことで、一切の存在はさまざまな原因と条件によって生じるとする考え方、つまり、単独で成り立つものはなく、全ては関わり合いによって成り立つ（関係的存在）と説かれる。したがって、この縁起観こそ仏教の「共生」の原理となるものであり、かつ、仏教福祉、仏教社会福祉を支える思想として重要な考え方である。

（2）時間（タテ）軸の共生と空間（ヨコ）軸の共生

つぎに、時間軸の共生と空間軸の共生ということで二つ挙げておきたい。とりわけ、時間軸の共生ということに改めて目を向ける必要があるのではないかと思う。

その前に、「空間軸」、これは、自分の身の回り、家庭から地域社会、さらに世界へと広がる。同時に自然や地球環境へとつながりを広げていく共生のあり方として、常に問いかけられている問題である。その割には、時間軸の方は、あまり言及されているとは言えない。過去・現在・未来というように、仏教では、三世観《さんぜかん》、三世《さんぜ》を貫く時間軸で物事を考える。したがって、今現在という立場からいうと、過去世からの命のバトンを受け継ぎ、未来へとそのバトンを渡していく。そのつながりの起点にある現在を生きる私がおり、過去世、未来世に生きる人たちとの共生という意識がことのほか大切だと考える。

東北の被災地の復興にいろいろとご尽力されている公益財団法人さわやか福祉財団理事長堀田力氏は、私との会話の中で、

「被災地の復興にあたって、ある町や村で集会を開いて、復興の形についていろいろ意見交換をする。なかなか、話がまとまらない。たとえば、高台移転なり、現状の所の再開発とか、そのほか、意見が二つ三つに分かれ、どうにもこうにもまとまらない。そのような時に、今生きている皆さん方の問題ももちろん切実であるけれども、これから未来を生きる子供や孫、さらにその先の未来志向で考えてはいかがですか、そう投げかけると意外に話がまとまっていく。合意の方向性が見えてくることがある。」

と述べられている。現在、淑徳大学も宮城県石巻市雄勝町で発災後間もなくから今日まで緩やかに被災地の支援を行っている。非常に難しい地域特性を持っており、入江、入江で集落ごとに考え方が相当異なっている。堀田力氏がおっしゃるように、合意形成の難しい中で未来に命のバトンを渡していく立場、今がよければそれでいいのではなく、未来への視点から問い直していくことによって、打開策が見いだされていくことを考えれば、「時間軸での共

生」というものの大切さを改めて認識するのである。

　また、過去からの命を受け継いでいくということに関して、過去の日本人、例えば、古代や中世の人たちの「時間軸に関する共生」ということを考えてみると、目に見えない世界、つまり「冥界《めいかい》」と目に見える世界である「顕界《けんかい》」、すなわち、目に見えない亡くなった人たちの世界と目に見える現実の世界、顕界、冥界という世界の違いを考えてみるとき、目に見えない世界からの眼差しを感ずるという感性、この点は、中世の人たちは、近代以降の人と大きく異なり、冥界からの眼差しによりリアリティをもって受け止めていたようだ。そのような時代の人びとの感性を近代合理主義だけで否定するわけにはいかないのである。

　むしろ、これからは、そうした眼差しを感ずる感性、あるいは、そこに意識を向けていく、自覚的な営みというものが、大切になってくると言えよう。そうした面での、三世を貫く縦軸の共生に思いを馳せていくことによって、多くの犠牲者の方々の思いを担って、被災地の復興ばかりでなく、この国の真の復興を目指していくことが大切であると思うのである。

四、福田《ふくでん》の思想 ―仏教福祉実践の原理

　仏教福祉実践の原理として、また、共生の実践原理として大切にしているものに仏教の福《ふく》

田《でん》の思想がある。仏教では、善事を継続的に行い、これを完成していくことを「福徳《ふくとく》」と呼んでいたが、後に、「福田」と呼ぶようになった。

それは、善き行為の種子を蒔《ま》いて功徳の収穫を得る田地《でんち》、あるいは、幸福を生み出す田という意味からきている。この福田には、二福田、三福田、四福田、七福田、八福田といった多様な福田が伝えられている。仏典に数多く出てくるが、我が国の歴史にあっても、聖徳太子の創建伝承がある、大阪の「四天王寺四箇院《しかいん》」が有名である。

社会福祉の歴史を見ると聖徳太子の四天王寺四箇院が必ずと言ってよいほどあげられている。今日では、史実としてよりも、むしろ、伝承として、しかし、伝承そのものに歴史的意味があるのである。つまり、古代・中世・近世・近代を通して、聖徳太子の福田事業に倣《なら》った実践事業が次々と興っている。

その四箇院は、「敬田院《きょうでんいん》」、これは寺院そのもので修養的な道場の機能、広義の教育的な施設と思われる。「悲田院《ひでんいん》」、こちらの方は身寄りのいない孤児やお年寄り、生活困窮者の施設で、救護施設のようなものである。そして、「施薬院《せやくいん》」、薬草を栽培し、医療に役立てる施設、そして、「療病院《りょうびょういん》」、貧しい人達の救療施設、この四つの施設がいわゆる四箇院である。

これらは、福田思想に基づいて建立されたと伝えられている。我が国の福祉実践史にあって、この福田思想の影響は、すこぶる大きいものがある。古来、数々の事業や活動に実を結んでいる。例えば、奈良時代、東大寺大仏の建立に大きな貢献を果たした行基《ぎょうき》、行基菩薩とも崇められた僧によるさまざまな福祉事業は、「自利利他」の大乗菩薩道、そして福田思想に基づいて実践されたものでもある。また、行基を慕って次々と歴史上に登場する福祉実践に名を残した人々の事業を支えたものとして福田の思想は極めて大きな意味を持つ。

明治の仏教界を代表する社会施設に明治一二年（一八七九）設立の「福田会育児院《ふくでんかいいくじいん》」という施設がある。いま、福田会育児院で福田会の歴史編纂、今日に残っている資料の整理作業などが行われている。私もその一員として関わっているのであるが、この福田会育児院は、明治初期を代表する福祉施設であり、仏教界が大同団結して作った施設でもある。児童養護施設としては、キリスト教系の石井十次が創設した「岡山孤児院」が有名であるが、それに対置される歴史に名を刻む福祉施設である。その名称の「福田会」は紛れもなく仏教の福田思想から取ったものである。

そこで肝心なのは、善行をするための対象を「福田」と称している点で、行じる主体（自己）よりも、それを受け入れる他者に重い意味づけが付与されていることである。田がなければ苗を植え付けることはできない。畑地がなければ作物の種子をまくこともできない。田があって初めて種子がまかれ、やがて実、すなわち福を生み出すことができるわけである。それは、善き行いをなすための対象を福田と称していることから、実践主体よりもその実践を受け入れてくれる他者に重い意味が付与されていることがわかる。

たとえば、福田事業の中で「看病福田」というものがある。ようするに、看病という善き行為を行うには、患者、病人がいなければ看病することができない。病人がいることによって看病という行為が成り立つのである。

ここで、福田行誡《ふくだぎょうかい》という維新期を代表する八宗《はっしゅう》の泰斗《たいと》と称された行学兼備の高僧の話を紹介しよう。福田行誡上人が、ある時、病に臥《ふ》した。その時、二人の若い僧侶が本当に一生懸命看病に努めて、やがて行誡上人は全快し、その時に弟子に諭《さと》されたことは、あなたがたが、看病という善い種子を蒔《ま》くことができたのは、わたしが病気になったからです。自分たちが看病したから病が治ったんだというふうに思いあがるようなことは、くれぐれもなきようにと、こう諭されている。

行誡上人だから言えたことで、病の治癒を願って弟子が本当に一生懸命師のために看病した。しかし、その看病に対して行誡上人は、看病に驕《おご》ってはいけない。病人、つまり私がいたからこそあなたがたはその行為ができたんだと、こう諭されているのである。

自己の将来に福をもたらす源泉、または、根拠となるものが、他者ないし相手の方にあるからである。「俺が」という思いあがった態度ではなく、「させていただく」、「相手あってのわたし」といった「自他不二」、「共生」の倫理が貫かれているのだということを教えているエピソードではないだろうか。

ボランティア活動を通じて、自分の心が豊かになるということは、受け手がいるからである。仏教的な観点からいえば、ボランティアは「福田《ふくでん》ボランティア」を理想とする。三年前の三・一一の年の秋に、淑徳大学で卒業生のホームカミングデーを開催した。

行事の中で、東日本大震災で被災された卒業生を招いていろんな報告を聴く機会があった。その時、ある年配の卒業生がこんな話をされていた。その方は、長野県に住んでいる人で、土日を使って東北の被災地へ出向き、泥だし作業のボランティアを行った。一生懸命作業し、その日の夕暮、作業が終わって帰る支度をしていたときに、そのお宅の家人と思われるご婦人がやってきて、

「あー、今日は本当にありがとうございました。お陰様でこんなに綺麗になってきました」とお礼を申されながら、次のような話をされたというのである。

二週間前の日曜日に、ある大学の学生グループが見えて、本当に朝から夕方まで労を厭《いと》わず、一生懸命泥だしを手伝ってくれました。心から感謝の気持ちで、学生たちが作業を終わった後にお礼をのべました。そうしましたら、その学生の一人が、

「いやいや、奥さん、お礼には及びません。私たちは、これで単位が取得できるんです

から」

と、こういって帰って行きました。それから一週間後、また日曜日に、今度は、ある会社の社員の方々がやはりグループで泥だしの作業に来て、若者と変わらず本当に一生懸命、朝から夕方まで泥だしに励んで下さったので、前回と同じように心から感謝の気持ちを込めてお礼を申し上げたのです。そうしたところ社員の方が、

「いやいや、奥さん、お礼には及びません。私たちはこれで海外研修に出るのが免除されるのです。ありがとうございました。こちらがお礼を申し上げねばなりません」

と、こう言って、帰って行かれました。

その奥さんは本当に心を傷つけられたというか、何というか、空しい思いになられたようで、この淑徳の卒業生にその気持ちを打ち明けたそうである。

その話を聞き、考えさせられた。私は、ボランティアを勧める立場であり、学生にいろんな機会に私なりの勧め方をするのだが、一言でいえば、ボランティアを手段として行ってはならないということである。単位取得の手段として、あるいは研修免除の手段として、あるいはその他の手段としてのボランティアであってはならないのではないか。

同時に、先ほどの学生や社員のように、仮にそのボランティア活動が手段であったとしても、そのご夫人の気持ちに対する配慮、他者の気持ちになるという想像力があまりにも欠如

しているのではないだろうか。やはり他者に対する配慮なくして、共生は成り立たない性格のものだと思うのである。

生身の人間であるから、全てが他の手段なくしてボランティアが行われるわけではないと思うが、しかし、そうであったとしても、常に他者の気持ちに寄り添う姿勢を欠いてはならないのである。

また、利用者がいて成り立つ福祉サービス、今日では利用者主体、利用者本位ということが、福祉の世界では言われている。したがって、利用者がいて初めて成り立つ福祉サービスは、「福田《ふくでん》サービス」といってよい。福祉サービスは、福田サービスを理想とすると、ここ一〇年来主張している。

五、福田思想と「善根宿」の民俗慣行

善根宿《ぜんこんやど》とは、四国八十八ケ所の札所巡拝、もちろんそれ以外にもあると思われるが、その遍路、巡礼の方々を迎え入れる宿のことである。普通の宿は、宿を借りた方が感謝の気持ちを込めてお礼をいうのであるが、善根宿はこれとは逆で、むしろ宿主の方がお泊まりいただいてありがとうございますと、宿をお貸しすることによって宿主の方が善根（功徳）を積むこ

とができる、善根を積ませていただいて感謝するのである。これが、善根宿の思想であり、まさに福田思想そのものと言える。

かつて房総の巡礼調査を長く行っていた。房総は、国内でも有数の八十八ケ所の写しの霊場がある地域である。いまも四月から五月にかけていろんなグループが、巡礼を行っている。善根宿こそないが、「ご接待」というのがある。行く先々で巡礼者が接待を受ける（または接待をする）習俗が今も一部に生きている。

このような接待の思想、善根宿の思想というものは仏教の福田思想と響き合って日本の良き文化的な伝統というべきもので、これからも受け継いでいきたいものである。

六、結び

仏教福祉は、大乗菩薩道の実践でもある。我々は、この世に生きている人々との共生を希《き》求《きゅう》するだけでなく、過去の人々の思いをくみ取り、未来に生きる人々のことを考えた共生として福祉実践を行うことが重要である。

人と共にいる自分、環境の中にいる自分を自他不二の存在として受けとめる仏教福祉の実践は、他者に対して一方的に「する」のではなく、縁起観に基づいて善行を「させていただく」という思いを原点にしていると言える。

参考文献

いとうせいこう『想像ラジオ』(河出書房新社、二〇一三)
吉田久一『八重山戦日記』(ニライ社、一九九九、自費、一九五三)
吉田久一・長谷川匡俊『日本仏教福祉思想史』(法藏館、二〇〇一)
長谷川匡俊『念仏者の福祉思想と実践—近世から現代にいたる浄土宗僧の系譜』(法藏館、二〇一一)
長谷川匡俊「支え合う社会に—宗教と福祉と教育と』(高陵社書店、二〇一一)
上田千秋「社会事業史における聖徳太子—主として四天王寺四箇院創建説について」(『社会学部論叢』四号、佛教大学、一九七〇)
福田行誡『平成新修福田行誡上人全集』(大正大学、二〇〇九)
柴田善守『石井十次の生涯と思想』(春秋社、一九七八)
原典仏教福祉編集委員会編『原典仏教福祉』(渓水社、一九九五)

第三　支え合う社会に

はじめに

皆さん、こんにちは。「仏教看護・ビハーラ学会　第八回年次大会」が、先ずはご盛会であること、まことにおめでとうございます。私も当学会の会員の一人ですが、平素は学校の関係行事と重なったりいたしまして、ご無礼することがあり心苦しく思っております。今回は、バラエティーに富んだ内容を是非お聞きしたいと思っておりました。特に会員の皆様には会場校として心から歓迎申し上げます。これからも、引き続きどうぞよろしくお願い申し上げます。

昨年の一〇月に、『支えあう社会に』というタイトルで書物を出させていただきました。本日は、その「支えあう社会に」というタイトルをそのまま使って、そして「『いのち』にふれ、みつめていくために」という演題で、皆さんにお配りしておりますレジュメに沿って話しを進めさせていただきます。

先ず私が「支えあう社会に」ということで、この学会で申し上げるとすれば、それはそのまま、仏教の根本原理である、「縁起の法」と「無常観」を体現しようと努める、その先に見えて来るものではないだろうか、という思いが強いものであります。

とりわけ昨年（二〇一一年）の三月一一日の東日本大震災の衝撃を受けて、私自身、考え続けている三つのことをお話させていただきます。

一、「無一物中無尽蔵」（宋の蘇東坡）ということ

まず一つは、「無《む》一《いち》物《ぶつ》中《ちゅう》無《む》尽《じん》蔵《ぞう》」ということであります。この言葉は、中国の宋の時代（だいたい一一世紀頃）の蘇東坡の言葉です。蘇東坡《そとうば》は、優れた詩人、また書家であり、さらには政治家でもあったという多能な人でした。

「無一物中無尽蔵」というこの言葉は、いわゆる「縁起の法」を指し示しております。あらゆる存在、あらゆる事物は、他と関わりあって、はじめて存在せしめられる、成り立っている。もともと無一物であった、それが関わりによって、さまざまな形で生じてくるというこ

とです。

東日本大震災の直後から、テレビや新聞を拝見しておりますと、被災地の方々の惨状というものが身《み》に沁《し》みて伝わってまいります。家族を失い、家財を失い、仕事を失う。まさに丸裸の無一物の状態になった。そして、その後どうかといえば、近くにいる人たち同士が肩を寄せ合い、お互いに支え合い、励まし合いながら、何とかして窮状を打開していこうとするその姿が現れました。

悲しみの極限状態に耐えながら、しかも近くにいる他者に対してあのように配慮する姿勢が、いったいどこから生まれるのだろうかと思いました。おそらく、日本人の精神史をきちんと捉《とら》えて分析していく必要があるのだと思います。

その丸裸になった状況の中ではじめて生まれてくる「支えあい」というのが、おそらく、福祉の原型であり、いわば「共生《きょうせい》の原型」でもあると思っております。

淑徳大学の創立者長谷川良信が、今から九五年ぐらい前に「トゥギャザー・ウィズ・ヒム」という言葉を書物の中で表明しております。文脈は、当時の公的な救済事業、あるいは民間における慈善、その両者に対する厳しい批判から展開されているわけです。つまり、救済は上から目線で手を差し伸べる。もちろん、慈善においても、きわめて恣意《しいてき》的な他者に対する配慮ということだろうと思いますが、それは一言でいえば、「彼のために」（フォア・ヒム）にとどまるものですが、本来の救済は「彼とともに」（トゥギャザー・ウィズ・ヒム）でなければならない、と申しているのでございます。

淑徳大学では、常に「彼のために」ではなく、「彼とともに」（トゥギャザー・ウィズ・ヒム）でなければならないということを、「建学の精神」の、一つの具体的な学祖からのメッセージとして受けとめ、教職員、学生、共々に取り組んでいます。

「彼のために」という捉え方は、「ため」にする側の論理と言いましょうか、それが強くなっていきますと、結果的に受ける側も負担感が強くなっていくわけです。そういう問題が常に付き纏《まと》ってくるわけです。あの被災地の肩よせ合って、お互いに助け合っている姿には、決してそのようなものはないですね。

要するに、何も無くなった時に、直にそばにいる人とお互いに配慮しあう、それがより意識的に、より主体的に取り組まれるところに「トゥギャザー・ウィズ・ヒム」の真価があるのではないかと思います。

その「トゥギャザー・ウィズ・ヒム」の実践、これを淑徳大学の学祖長谷川良信は「感恩奉仕」といい、「私の人生観は「感恩奉仕」の一語につきるのでありまして、南無阿弥陀仏の生活がそのまま社会奉仕の生活」だと、言い切っています。

そこの脈絡は省きますけれども、「感恩」は恩を感じる、私たちは、大きく言えば天地万物のご恩によって、今、かく在るわけであります。仏教では、ご存知のように「四恩《しおん》」（四つの恩）ということを説きます。とりわけ社会福祉の世界では、社会の恩、衆生恩と申しますけれども、この場合の「感恩」は、衆生恩、つまり、社会の恩のみではなく、天地万物一切のご恩を指している言葉だと、私は受けとめております。

その天地万物の一切のご恩というものを身に沁《し》みて感じたときに、つまり、自覚したときに発動して来る姿が「奉仕」というものではないかと思います。

「トゥギャザー・ウィズ・ヒム」が具体的な実践として「感恩奉仕」に実を結んでいく、社会福祉の実践を下支えする原理となっていくのではないだろうかと、このように考えているところであります。

二、「生死無常」ということ

次に二番目に、「生死無常《しょうじむじょう》」ということを書きました。被災地の状況を見ると愕然《がくぜん》とします。子どもたち、あるいは青少年、将来のある子どもたちにとってみれば、いろいろな夢や希望があったでしょう。また、成人の方は、仕事が軌道に乗ってきて、次はこういうことをしたい、ああいうことをしたい、などの人生設計を描いていたであろうと思います。

しかし、それらが一瞬のうちに全て失われてしまった。そのような状況をわが身に引きあてでみると言葉を失います。考えてみれば、「私たちが生きる」ということは、そういった「生死無常」の中で自分の生き方を問うていかなければならないことなんだろうと、こうも思い返しているところであります。

それが「転ばぬ先の杖として、折に触れて自らの生について考えてみる」ということであります。理屈としては、その通りですけれども、日々の仕事や生活に追われて、今日、今あることに精一杯というのが現実だろうと思います。しかし、その現実そのものが何時《いつ》どのように変わっていくから分からない。そういう不確実な状況の中を、私たちは生きているわけです。

また、「無常」といえば、道元禅師《どうげんぜんじ》の言葉が印象的です。『正法眼蔵随聞記《しょうぼうげんぞうずいもんき》』の中にはいくつか好きな言葉（問答）があるんですけれども、その一つが「無常」に関する問答です。

それはどういうお話かというと、世の中には有能な、いろんなことが出来る人と、なかなか出来ない人がいる。それは、どうしてだろうか、というふうに弟子から問われたときに、師は、それはその人が努力するか、しないか。「精進」するか、しないか。その違いによるのだと、こう答えます。ならば、努力精進する人と、そうでない人に、どうして分かれるのだろうか、と次に問われるのです。

それに対して、師は、それはその人の「志」が立てられているか、いないか、目標と言ってもいいかも知れませんが、具体的な目標、人生の志が、きちんと立てられているか、立てられていないかの違いであると、こう答えますね。

そうすると、弟子はさらに、それでは志を立てている者と、立てざる者がいるというのは、いったいどこから来るんでしょうか、と問う。

そこで、道元禅師は、それは「無常」を知る者と知らない者とによるのだ、という答えなんです。つまり、時は一刻として止まることなく変化していく。今日のことを、明日に先送りすれば、明日、再びそのことに手を染めることさえ覚束《おぼつか》ないことになります。

今、直ちに志を立てて、その志を達成するために努力精進をしていくことが望まれますが、それが出来る人と、必ずしもそうでない人がいるわけです。

そのように考えて参りますと、今回のような大震災、といった災害ばかりでなく、自分自身の境遇、自分自身が今置かれている状況というのは、何時《いつ》どのように変化していくか分からないわけです。したがって、今、自分自身の在り方を見つめ、前へ踏み出していく、このことの大切さを「無常観」を通して学ばされる思いです。

ちょっと余談となります。

私は、学長職という役割に就かせていただいておりますが、こうした役割を担っていますときに、最も大切にすることの一つは、スケジュール管理ということです。何か成さねばならないときに、その中身を検討して、何時までに結論を出すかということになります。無期限にやっているわけではないですね。必ず一定の時間の範囲の中で、何時から何時までに結論を出す。その結論が良いか必ずしもそうではないかはともかくとして、必ず何時までにというタイムリミットを明確にする。そして、その過程で、つねに進捗状況を確認することに努めているつもりです。

我々は誰しも、楽なほうに、楽なほうに、まだ時間があるから、まだ時間があるからと、先送りする体質があります。したがって、常に時を定める、自分自身にその責任を厳しく問うていく、そういうことにもなるわけです。

「無常」を観ずるということは、具体的にはそのような業務と限られた時間といった問題を、自らに課していくことが大切ではないでしょうか。

ところで、「三世《さんぜ》の思想」と書いておきました。仏教は「三世観」ということを大切にいたします。過去、現在、未来、この過・現・未の三世ということを、改めて今回強く感じています。

淑徳大学では、大震災の発生まもなくから縁あって、石巻市雄勝町の大須地区を中心に浜《はま》毎《ごと》の幾つかの地区に、学生ボランティアや教職員ボランティアが入って活動を続けていました。五月初めにお世話になったお礼と、今後の活動についてのご相談で現地へ伺ったときのことです。ある浜をお訪ねしたときに、そこにも相当高い津波が押し寄せて、浜辺の近くの住宅が高台に向かって建っていましたがほとんど壊滅状態になってしまいました。

少し手前に被災した小学校があり、その三階の部屋を使って、ある作業をしていたんですね。どういう作業をしていましたかといいますと、雄勝はご存知の方もおられるように、雄《お》勝硯《がつすずり》として知られる石の産地です。雄勝石が、例えば役所のエントランスの敷き石、あるいは壁、等々で使われていますが、その雄勝石の廃材になったような石を集めてきまして、それを細かく切り加工して、ストラップやブローチなどのいろいろな飾り物を造っているところを訪ねたのです。

その石は東京駅のホテルの壁に使ったり、また、国内ばかりでなく海外にも送られて、そして、被災地支援ということで多くの反響があり、浄財が寄せられてきているといいます。そこで、造られているご婦人の夫の話を伺いました。すると、

「今私たちが雄勝石を活かして作業しているのは、実は、この豊かな漁場を次の世代に何としても受け渡していきたい。そのためには、資金が必要である。それで今こうした取り組みをしているのです」

というお話しでした。

　若い世代にしっかりバトンタッチをしたら、自分たちの役は終わるんだというようなお話をされていました。仮設住宅から毎日のようにそこに通って、作業しているわけです。自分たちの生きる糧というか、生業《せいぎょう》のためにそういうことをするというよりも、要は未来を担う次の世代にしっかりバトンタッチをしていく、そのための作業だという話を伺いまして、ハッと気がついたというか、大きなヒントを得た想いでありました。

　我々は、自分自身のやりがい、生きがいを精いっぱい行っていくことは基本であることに違いないわけです。しかし、自分たちだけ良ければいいのかと。後は野となれ、知ったことではない。そういうことで果たしてよいのだろうか。付けを次の世代に、さらにその次の世代に付け回す。そうした問題が今いろんな所で現れていると思います。これは、年齢の高い人、あるいは若い人に限らないことでありますが、特に年長の者は、次の世代にしっかりとバトンタッチをしていく。そういった先を見通していく姿勢、これが大切ではないかと思います。

「三世の思想」という場合には、私たちは「過去を引き受け、未来を切り開く熱き心をもって、現在を生きる姿勢が大切ではないか」。

　この厳しさは、被災地に向き合ってみれば、わかることです。あるいは、たまたま巡り合わせて、この二一世紀のこの時代に生きていることを見つめれば、もっと前の時代に生きていれば良かったなというわけにはいかないわけです。過去を引き受けていかなければならない。そして、先ほど申し上げたような、漁師さんの姿勢ともいうべき、未来を切り開いていく熱い心を持って現在を生きる、そういう姿勢が大切ではないかと思います。

またこういう話もあります。これは私が直接、聞いたわけではありませんが、被災地で、これからの住む場所、あるいは街づくりに移転の問題が出てきた時の話ですけれども、それぞれいろんな考え方がありますし、利害が衝突いたしますと収拾がつかない。そのようなときに、

「今、あなた方の時代だけが良ければいいという話ではありませんよ。皆さん方の子や孫の時代、未来志向で考えてください」

と、こう投げかけると、今まで侃々諤々《けんけんがくがく》、利害が衝突していた局面が、少しずつ打開されていくというのですね。

我々の生活がどうなるか、我々の仕事がどうなるか、という自分たちの都合だけで言えば、それは、衝突は避けられないのかも知れない。しかしそれだけでなく、

「もっと先を見越して考えてください。そうすれば必ず一致するものが出てくるでしょう」

という投げかけが、功を奏する場面もある、という話を聞きました。それは、たんに先送り

にするのではなく、未来への責任を持つという姿勢が問われていることでもあると、思うわけです。

過去、現在、未来、「過・現・未の三世」というものを通して考えていきますと、我々は、とかく「現在さえ良ければ」という、いわゆる現在主義にあまりにも捉《とら》われすぎているのではないかと。過去をしっかり学び、過去の教訓を現在に活かし、かつ、未来に活かす。そういう姿勢こそ、仏教的な生き方に通じるのではないだろうかと、このように思うわけです。

三、「生死共生」ということ

三番目に、「生死共生」ということ。「生者と死者と共に生きる」と申した方が良いかもしれません。

今から六七年前の昭和二〇年（一九四五）、第二次世界大戦で日本が敗れ、廃墟と化し、おそらく大部分の人は、これからの日本の復興に際し、たくさんの犠牲になられた。日本人だけでなく外国人も含めて、その犠牲になった方々の鎮魂のためにも、あるいは犠牲になった方々の分までも引き受けてこそ、本当の意味での復興になるだろう、こう固く誓ったのではないだろうか。こう思うわけです。

しかし、時が移り、やがて経済成長はどんどん右肩上がりで上っていく。そのような中で死者たちのことを一部の方々を除いて、多くはすっかり忘れたかのようになっていってしまったのではないだろうか。

生と死というものが、日本人の意識の深層の問題はさて置いて、少なくともこの廃墟と化した荒涼の中で復興を誓った人達は、死者たちの分までも、死者たちの鎮魂のためにという、生と死の繋がりという深い繋がりがあったわけであります。その繋がりが年とともにだんだんと乖離《かいり》して、やがて「生と死の断絶」が生じていったというのが、これまでの流れではなかっただろうかと思います。

その「断絶」から、東日本大震災は、あらためて「生と死の共生」ということを、私たちに問いかけているように思えます。被災された方々のことを思うとき、そのご家族や友人や知人の心を駆け巡るのは、戦後復興を誓ったときと同じように、亡くなられた方々の分まで引き受けて生きるのだという、そうした固い決意があってこそ、真の復興が果たされるんだろうと思います。

つまり、生きている者だけの努力によって真の復興を果たすことは不可能なことだと思います。それは被災地に伺っていろいろ話を伺えば伺うほど、その感を強くするわけであります。

少し前に、お盆がございましたけれども、日本人はもちろん、日本以外の国や民族の中で類似の宗教行事や習慣を持ったところも少なくないのかも知れませんが、生と死をつなぐ「お盆」という回路を持っているというのは、これは本当に強みだと思います。その回路が絶たれてはいなかったけれども、おぼつかない状況がありましたね。

今また、あらためてその回路を修復し、より強固にしていく、この作業が大切です。教育や福祉の中で、私は非常に重要な要素だと思います。死の場面に直接する看護の領域では言うに及ばずですが、しかしそれは、その局面に立って初めて考えることではなく、日常的に考えていく必要があるのだろうと思うわけです。

お手元の資料に、「冥《みょう》・顕《けん》の世界の視点」と書いてあります。

冥（みょう）あるいは、冥《めい》ですね。ご冥福をお祈りしますというときの冥福とは、目に見えない世界での幸福を祈る。そして、目に見える現在世界ではなく、目に見えない世界でも、相方が幸せでありますようにと。これは冥福を祈るという意味でしょう。

冥福を信じない人、目に見える世界のみしか信じられない人は、「冥福を祈る」なんていう言葉が本来出てくるはずもないわけであります。もし我々が、「冥福を祈る」というのであれば、死後においても幸せなことがあるんだという感性に裏づけられるものであって、言葉だけ先走っていては、かえって失礼になるのかも知れません。

ところで、私がずいぶん以前から学問的な面での交流をさせていただいています方で、佛教大学教授の池見澄隆という先生がおられます。日本精神史に画期的な優れた論文をいくつも発表されている方ですが、この方が先頃『冥顕論』、冥と顕の繋がりを論じた編著ですけれども、本を贈ってくださいました。(それはあまりにも分厚くて、しかも内容の濃いものでありますから、まだ、読み始めたといってよいぐらいですが) 特に、日本の中世 (時代的には鎌倉時代から南北朝、室町)、我々のリアリティというのは目に見える世界以外には無いというのでしょうけど、中世の人たちにはそれと同じ、もしくはそれ以上に、目に見えない世界のリアリティというものを感じられる感性が存在しました。それはけっして一部の宗教者だとかいうのではなく、一般の人たちの意識の中にも深く根ざしていたとみられます。

その『冥顕論』は置くとしましても、冥からの眼差し、目に見えない世界からの眼差し、亡くなられた方からの眼差し。さらには、もっと超越的なものといいますか、神仏からの眼差し。これを現代人はあまりにも軽視ないしは無視、切り捨ててきたのではないだろうか。

果たしてそれでいいのだろうか、と申し上げたい。

中世の人たちのような感性、目に見える世界だけでなく、「見えない世界からの眼差し」と書きましたが、同時に目に見える側から見えない世界への眼差し、あるいは「想い」という、双方向的な面が必要なのだろうと思います。

目に見えない世界からの眼差しを感じられ、そのことを通して、自分自身の行動、行為というものが、一つの倫理的な在り方として生まれてくる。今やそうした要素がきわめて希薄になっています。亡き方々を通しての超越的な世界、それをたんに非現実的、非日常的なものとして切り捨てるのではなく、そこのつながりをどのように見出していくかという視点がこれからの時代、ますます必要になってくるのではないだろうかと思います。

「生死共生」ということを、そのように捉えてみてはということで、目下いろいろと考えているところであります。

Ⅱ　仏教福祉の思想と実践

この「Ⅱ　仏教福祉の思想と実践」に収録した論考は、主に仏教に基づく社会福祉実践思想（実践の動機づけとしての仏教思想と仏教信仰）に関する論考である。

筆者は仏教存立の根本原理である「縁」を説く浄土宗教師の立場から、『シンポジウム　８００年大遠忌後の課題と展望』のパネラーとして、「信仰と利他的行為の関係、利他を説くことと念仏を勧めることは矛盾するのか、あるいは、念仏信仰は利他精神を涵養するのか、などの問いにどう答えていくか。ここに現代実践教学の課題の一つがあるはずだと思います。言いかえれば、念仏信仰は、もともと社会的実践を促す信の構造を持っていることを提起いたしたい」（『佛教論叢』五七号、二〇一三）と提言した。

その念仏信仰が社会的実践を促す信の構造とは、たとえば、どこまでも「浄仏国土成就衆生」を念仏者の目標と定め、「浄仏国土」を自らの救いとし、救われたものが他者に向かって果たすべき役割が「成就衆生」であるとするものである。浄土宗の二祖聖光→江戸期の宗学者貞極→明治期の異色の念仏僧原青民などがその系譜である。浄土宗の開祖法然の法語にみる仏教福祉の思想とともに、貞伝や原青民の仏教福祉の思想や、戦後仏教教団における社会福祉事業の変遷と特徴、宗教社会福祉の独自性などを取りあげた。

第一　法然の法語にみる仏教福祉の思想

一、浄土宗の社会福祉事業

法然以前の聖道門の仏教にあっては、「作善《さぜん》」は尊い仏行《ぶつぎょう》であり、慈善などの福祉的実践は「作善」の一つでもあった。しかしながら、その「作善」を阿弥陀仏に救われるための条件にはなり得ないと否定したのはほかならぬ法然であった。法然においては、念仏以外のすべての行為（諸行）は往生の正行《しょうぎょう》たり得ないのである。

このような法然浄土教の法灯を汲《く》む浄土宗のなかから、わが国近代社会事業の成立期に、斯界《しかい》のリーダーをもって任ずる先達が次々と登場してきたことはまことに興味深い事実である。後に藤吉《ふじよし》慈海《じかい》によって、「浄土宗社会派」と称せられた一群の僧侶のことであり、渡辺海《かい》旭《ぎょく》・椎尾《しいお》弁匡《べんきょう》・矢吹《やぶき》慶輝《けいき》・長谷川良信《りょうしん》およびその系譜に連なる人びとを指していう。

彼ら先覚者により法然の思想・信仰、そして宗義は、時代と社会を踏まえながら社会事業に引き寄せられて再解釈が施される一方、近代社会事業の理論と実践の上に大きな収穫をもたらすものであった。明治以降の近代浄土宗史上はじめてのことであり、かつ宗門社会事業史上に一大山脈をなしてそびえている(1)。

では、こんにち宗門僧侶の行う社会福祉事業や活動のなかに法然浄土教の教えなり宗義が生かされているかといえば、残念ながら否定的にならざるを得ない（もっともこのことは、念仏信仰が個々の実践者の事業や活動を支えるバネになっている事実を否定するものではない）。ここで「生かされている」という意味は、漠然とした次元での事業や活動の源動力という類《たぐ》いのものではなく、たとえば、法然浄土教の思想や理念・考え方が、社会福祉を構成する諸要素つまり対象・主体・方法等にわたって、こんにちの社会福祉の諸課題にいかなる示唆を与え得るかといった観点からの自覚的なアプローチが前提とならなければなるまい。

また、浄土宗の社会福祉事業といわれる場合にも、ただ単に宗門の寺院や僧侶が行う事業や活動を浄土宗の社会福祉事業だといえるのかといえば、決してそうではないだろう。かつて椎尾弁匡は、

「宗義のきまらぬ宗門の社会事業は雑然たるもの、雑行《ぞうぎょう》雑種の社会事業である。……宗門の社会事業は宗門意識の現われでなければならない(2)」

と述べられたが、理想的には宗侶の行う福祉実践の方向性や目標および実践の全過程に宗義と念仏信仰が貫かれていることであろう。

そこで筆者（および共同研究班メンバー）は、法然の法語類を中心に、その言説を福祉の視点から捉らえ直し、経済至上主義社会の中で衰弱している社会福祉の価値を取り戻すためにも、こんにちの福祉の思想・理念に仏教的（法然浄土教としての）基礎づけを与えることができればと思っている。そしてそのことが浄土宗（宗門としてのオフィシャルな活動や事業、および宗侶・宗徒個人の意思に発するものなど）の社会福祉事業や活動を支える理念として自覚され、生かされてこそ、他の社会福祉事業や活動に対して相対的独自性を主張できるのではなかろうか。いまだ体系的な整理にはほど遠いが、以下にこの間検討してきたことの一端を提示してみよう。大方のご批判とご教示を乞う次第である。

二、法然の法語にみる仏教福祉の観点

古代末葉から封建への転換期、すなわち争乱・災害・疾病・古代仏教の衰頽といった、「末法《まっぽう》」「末世《まっせ》」の危機的現実に苦悩する民衆の救いを、法然は阿弥陀仏の「選択本願《せんちゃくほんがん》」に求めたのである。もとよりそれは個人の信仰を媒介とした宗教的な救済であって、客観的条件に

かかわる社会的な救済を目ざしたものではない（ただ、吉田久一の指摘にあるように、「信仰という個人的救済が主題でありながら、その支持層はきわめて社会性を帯びている」ことには改めて注意を払っておきたい）[3]。しかし、選択本願の含意を通して、目的概念としての「福祉社会」の理念（理想）を問うことは許されようから、まずこのことを考えることからはじめよう。

（1）達せられるべき理想社会

法然の思想の核心に「選択」の論理がみられることは主著に『選択本願念仏集』があることからも十分肯ける。同書には、その選択の義が次のように説かれている。

ソレ四十八願ニ約シテ、一往ヲノ〳〵選択摂取ノ義ヲ論セハ、第一ニ無三悪趣ノ願トイフハ、観見スルトコロノ二百一十億ノ土ノナカニヲイテ、アルヒハ三悪趣アル国土アリ、アルヒハ三悪趣ナキ国土アリ。スナハチソノ三悪趣アル麁悪《そあく》ノ国土ヲエラヒステ、ソノ三悪趣ナキ善妙ノ国土ヲエラヒトル。カルカユヘニ選択トイフ[4]。

本文はこれに続いて、第二不更悪趣ノ願、第三悉皆金色ノ願、第四無有好醜ノ願、および第十八念仏往生ノ願にふれ、さらに以下の四十三の願は上の願になぞらえて理解することができるであろうとする。「無三悪趣」とは、地獄・餓鬼・畜生のない世界のこと、「不更悪趣」とは、再び悪い世界にかえることがないこと、「悉皆金色」とは、すべてが金色であるようにということ、「無有好醜」とは、好醜の区別がないようにということである。つまりこれらのことから、「「三悪趣」等のない「善妙の国土（浄土）」が選び取られたところに阿弥陀仏の誓願（四十八願）があることを思えば、「三悪趣」等に象徴される現実の世界（→五濁悪世《ごじょくあくせ》）を選び捨て、「無三悪趣」等の理想世界（→福祉社会の構築）を目標として描き、その建設に自ら努めてこそ、法然の選択思想に対する主体的受容の今日的意味があるというものである。[5]

（2）宗教的平等の人間観、救いの平等性 ―平等の慈悲―

人と人とのかかわり合い（関係性）を重視する社会福祉の世界にありながら、実践の主体と対象、援助者（ワーカー）と被援助者（クライエント）のあいだで、原理的にはともかく、実際には今日といえども平等で対等の関係が保たれているとはいいがたい状況がある（後述二八～二九頁参照）。意識の上では援助者の方が強い立場に立っている場合が少なくない。次の法然のことばはその意味でかみしめておきたいものである。

　安房の助といふ一文不通の陰陽師が申す念仏と、源空が念仏とまたくかはりめなしと。[6]

文字も読めない一介の陰陽師と「智慧第一の法然房」とうたわれた仏門の師たる法然とを比べているのがおもしろい。世間の尺度をあてはめれば、法然に利があるのは明らかである。ところが、そこに念仏が介在するとどうなるか。どちらがとなえる念仏も、世俗の価値観（貴賤・貧富・智愚等の別による）にかかわりなく同じように尊いという。

世俗の価値を念仏が否定し、念仏者としての平等性と尊厳性、さらには弥陀の本願の前における絶対平等の人間観が提示されているといってもよく、こんにちの人権思想に一脈通じるものがあろう。ある意味で世俗の価値観と一体化していたそれまでの仏教には見られない革新的なことであった。

また法然は、念仏の易行性《いぎょうせい》に関連させて次のように述べている。

カルカユヘニシリヌ、念仏ハヤスキカユヘニ一切ニ通ス。諸行ハカタキカユヘニ諸機ニ通セス。シカレハスナハチ一切衆生ヲシテ、平等ニ往生セシメンカタメニ、難ヲステ易ヲトリテ本願トシタマフ歟。

モシソレ造像起塔ヲモテ本願トシタマハハ、貧窮困乏ノタクヒハサタメテ往生ノノソミヲタヽン。シカルニ富貴ノモノハスクナク、貧賤ノモノハハナハタオホシ。モシ智恵高才ヲモテ本願トシタマハヽ、愚鈍下智ノモノハサタメテ往生ノノソミヲタヽン。シカルニ智恵ノモノハスクナク愚痴ノモノハハナハタオホシ。モシ多聞多見ヲモテ本願トシタマハヽ、少聞少見ノトモカラハ、サタメテ往生ノノソミヲタヽン。シカルニ多聞ノモノハスクナク少聞ノモノハハナハタオホシ。モシ持戒持律ヲモテ本願トシタマハヽ、破戒無戒ノヒトハサタメテ往生ノノソミヲタヽン。シカルニ持戒ノモノハスクナク、破戒ノモノハハナハタオホシ。自余ノ諸行コレニナソラヘテシンヌヘシ。コヽニシンヌ、カミノ諸行等ヲモテ本願トシタマハヽ、往生ヲウルモノハスクナク、往生セサランモノハオホカラン。シカレハスナハチ弥陀如来法蔵比丘ノムカシ、平等ノ慈悲ニモヨホサレテ、アマネク一切ヲ摂センカタメニ、造像起塔等ノ諸行ヲモテ往生ノ本願トシタマハス。タヽ称名念仏ノ一行ヲモテソノ本願トシタマヘルナリ(7)（傍点筆者）。

たいへんよく知られた一節である。傍点の部分からうかがわれるように、「平等ノ慈悲」とは、救い（往生）のための宗教的条件が、特定の対象にしか通用しないというものではなく、いつでも、どこでも、だれにでも満たし得るものであって、かつ「称名念仏」による救済の普遍性のことである。

　要するに、法然の教えが、富貴・智慧高才・持戒持律等の世間的に勝れた者にではなく、貧賤・愚痴無智・破戒無戒等の劣った者、受苦せる者、つまり激動の時代がはらむ矛盾を背負った多数の悩める民衆を正客《しょうきゃく》とし、つねに救いを求める側に立つ姿勢に裏打ちされていることの（「われ浄土宗を立つる意趣は、凡夫の往生を示さんがためなり」(8)〈原漢文〉）あらわれであったといえよう（事実、法然の周辺にはこうした人びとが少なくなかった）。

　宗侶として社会福祉の事業や活動を担うわれわれのスタンスもまた、ここに据えられなければなるまい。

人びとのあいだに、さまざまな社会的な差別や不利益が現実に存在したこの時代に、阿弥陀仏の「平等ノ慈悲」を説き明かしたことは、宗教的な救いの論理に基くものとはいえ、それ自身革命的な意味を持ち得たであろうし、平等の人間観に根拠を与えるものとして注目したい。(9)

（3）その身そのまま、無条件の救い ―絶対的受容―

「生きた人間」である生活者として、社会福祉問題を担っている社会福祉「対象者」は、歴史社会の規定を受けながら、主体的にはその矛盾を解決しようと努力し、生涯の生活過程を歩んでいるわけである。(10)この生活者として社会福祉問題を担った社会福祉「対象者」は、一方で宗教的救済の対象ともなり得る。

その際法然は、生身《なまみ》の人間の「あるがまま」「その身そのまま」での救いを第一義とし、「あるべき」という道徳的な規範を優先させていない。阿満利磨《あまとしまろ》は法然浄土教の最大の特徴―革命性―を「宗教的価値の絶対化」に求め、そこから生じる重要な結果として二つあげている。その一つが道徳的抑圧からの解放（いま一つは呪術からの解放）であることを踏まえれば足りよう。(11)法然が説く念仏は、「他力本願」により人間を世間的価値から解放し、「その身そのまま」つまり無条件に救いとってしまうのである。阿満の表現によれば「人間性の全面的肯定」[12]ということになろう。法語には次のようにみえる。

本願の念仏には、ひとりだちをせさせて助をさゝぬ也。助さす程の人は、極楽の辺地にむまる。すけと申すは、智慧をも助にさし、持戒をもすけにさし、道心をも助にさし、慈悲をもすけにさす也。それに善人は善人なから念仏し、悪人は悪人なから念仏して、たゞむまれつきのまゝにて念仏する人を、念仏にすけさゝぬとは申す也[13]。

われわれは、とかく人にまとわりついている外皮、すなわち外在的条件の方からその人を価値判断して見てしまいがちだが、そうした見方がいかに皮相的なものであるか、「本願の念仏」の側から光をあてる人間観を学ばされる思いである。

上記の法語は、このあと、しかしながら、悪人を改め、善人となって念仏する人は、仏のみ心にかなっていよう、とつづく。こちらの方は救われている人間の側に立って、そのあり方が述べられている。仏の救いが人間的条件を問わない（「人間性の全面的肯定」）のであれば、それだけ救われる人間にとっては、仏のみ心にかなうよう努めるものではなかろうか（いわゆる「本願誇《ほんがんぼこ》り」の逆で、報恩感謝の行いとして）。そこに被救済者の「自立」の問題があるが、それは救済する側が救済される側に求める「自立助長」ではない。あえていえば、信仰に基づく自立である。

他方、実践主体の側に即して考えれば、それは「作善《さぜん》」としての福祉的実践ではなく、念仏者の信仰（弥陀の救いにあずかれる者としての）の発露として、「なさずにはいられない」自発的行為となる契機があるというべきであろう。

（4）悪人的自覚の人間観 ―実践主体の倫理―

厚生省の汚職事件をめぐって、官僚や福祉施設経営者の利益誘導主義が国民の批判にさらされ、また施設現場での利用者に対する人権侵害―ことに幼・児童や老人・障害者への「虐待」問題―の事実が次々と明るみに出される昨今である。

数年前に話題となった「福祉川柳」の波紋もいまだ記憶に新しい。当時の『朝日新聞』天声人語にはこうあった。

「第一回福祉川柳大賞」には驚いた。いくつかの『川柳』を読んで、まず驚き、次に腹が立ち、そして何ともいえぬ悲しい気持ちになった。これが川柳か、と本物の川柳だって怒るだろう。▼そう、これは川柳ではない。五七五で、悪口を言い、不満をぶちまけたものだ。「救急車自分で呼べよばかやろう」「金がないそれがどうしたここくんな」。句をつくっているのは、ケースワーカーたちだ。各自治体の福祉事務所に所属し、社会福祉主事の資格を持つ。▼彼らは生活保護受給者の相談相手である。受給者には障害者もいる。母子家庭も多い。その人々は、こういう句をどう聞くだろう。「きこえるよそんなにそばにこなくても」「母子家庭見知らぬ男が留守番す」▼「ケースの死笑いとばして後始末」という句もある。ケースとは受給者のことだ。「訪問日ケース元気で留守がいい」が大賞の第一位である。ケースワーカーたちの機関誌『公的扶助研究』に載っている。▼むろん、仕事の大変さを推察させる句もある。「ゆくたびにおなじはなしにうなづいて」「死んでやるわかっていてもとんで行き」「暗くてはやってられないこの仕事」。でも「親身面《づら》本気じゃあたしゃ身がもたねえ」と言われると、何とも索然として、暗い気分になる。（下略）

いささか長い引用になってしまったが、この「川柳」が報道されたとき、筆者もまた、何ともやり切れない気持ちを禁じ得なかった。社会福祉の専門職を養成する大学で教鞭をとっている者として、現場に出ていった教え子のことを思い、かつわが教育実践を問わずにはいられなかったものである。

総じて社会福祉従事者等関係者の職業（専門職の）倫理が改めて厳しく問い糺《ただ》されている。解決されるべき社会福祉問題への社会科学的なアプローチとともに、他者とのかかわりのなかで（人格的な触れ合いを通して）共感を抱き、自らの内面の点検を怠らぬよう努めたいものである。法然は次のように言っている。

わか（我）身はこれ（是）煩悩を具足せる罪悪生死の凡夫也。善根薄少にして、曠劫よ

りこのかた（以来）、つね（常）に三界に流転して、出離の縁なしと、ふか（深）く信すへし。(14)

善導の「深心」釈を踏まえながらも、法然自身の信仰告白、つまりホンネがすさまじい迫力で伝わってくる。また法然はよく次のようなことばも吐露されていたという。

　弁阿上人のいはく、故上人の給はく、われらはこれ烏帽子もきざるおとこ也。十悪の法然房が念仏して往生せんといひてゐたる也。また愚癡の法然房が念仏して往生せんといふ也。(15)

　これらにみられる徹底した自己に対する悪人的自覚の人間観に注目したい。さまざまな他者をその身そのままに受け入れられる法然の器《うつわ》は、その人間観に支えられていよう。この点は、とくに福祉の実践主体（担い手）に問われる意識の問題として肝要である。人間法然の厳しい内省の叫びは、福祉を実践する者（ボランティアを含め）がつねに自らに言い聞かせねばならないことであり、傲慢《ごうまん》の病にカンフル剤を投じるものである。

　そしてまた、岡本民夫も言っているように、「援助方法としてのソーシャルワークは、それ自体は、ある目的や目標を達成するための一連の道具（tool）であることの意味と価値さらにはその限界」を認識し、「ソーシャルワークを活用する主体ないし主体者のあり方や基本的姿勢（価値・理念）」(16)（「人間の尊厳」を基底とした価値観＝筆者）を明確にしておくことが極めて重要なものとなってくる。

（5）日常生活と念仏の関係 ―日常生活の価値づけ―

社会福祉の世界では生活および生活者の概念はとりわけ重要である。それは社会福祉問題を担った社会福祉対象であると同時に生活者としてより良き生（自己実現）を求める主体でもあるからである。そこに個々人の価値志向、すなわち生活者の価値観が問題となろう。この問題を検討するにあたっては、法然の次の法語から学ぶところが多いように思われる。

現世をすぐべき様は、念仏の申されん様にすぐべし。念仏のさまたげになりぬべくば、なになりともよろづをいとひすてゝ、これをとゞむべし。いはく、ひじりで申されずば、めをまうけて申すべし。妻をまうけて申されずば、ひじりにて申すべし。住所にて申されずば、流行して申すべし。流行して申されずば、家にゐて申すべし。自力の衣食にて申されずば、他人にたすけられて申すべし。他人にたすけられて申されずば、自力の衣食にて申すべし。一人して申されずば、同朋とともに申すべし。共行して申されずば、一人籠居して申すべし。衣食住の三は、念仏の助業也。これすなはち自身安穏にして念仏往生をとげんがためには、何事もみな念仏の助業也。(17)

現在の世を暮らすべき方法は、念仏がとなえられるように暮らしなさい。念仏のさまたげにきっとなりそうであるならば、どんなものでも、あらゆるものを嫌い捨てて、これをおやめなさい。こういって法然は、聖《ひじり》の生活と妻帯生活、定住生活と遍歴生活など、さまざまな生活形態の例をあげ、念仏のとなえられる環境を選択すべきだと説く。そして、「衣食住の三つは、念仏するための助けとなる事柄」だとし、「自身が安穏に念仏して往生を遂げるためには、どんなことでも、みな念仏の助けとしての行為になる」とされた。

人びとの日常生活・社会生活を直視しつつ、同時に、信仰（念仏＝内面的価値）が世俗生活（外在的価値）の中に埋没してしまうのではなく、生活のあり方がより本質的な価値たる信仰（念仏）を助成する働きとなるよう求めている。このことは福祉対象者（利用者）の外在的条件（物的生活）を整えることと、その利用者の内面的条件（精神生活）を充足させることとの関係を考える場合にも参考となろう。援助の名のもとに、ややもするとサービスを提供する側の価値観によって一方的に押し付けられる場合なしとはせぬが、大切なのは、被援助者の内面的価値（人格）を尊重することではなかろうか。それでこそ、その自己実現を支える力と成り得るであろう。

さらに法然は別のところで、

縦余事をいとなむとも、念仏を申し申しこれをするおもひをなせ。余事をしし念仏すとは思べからず(18)

とも述べている。

念仏という宗教的真実（絶対的価値）の中に日々の業務＝福祉実践が遂行されてゆくということであろうし、日々の業務＝福祉実践を通してまた、自らの信仰が磨かれ深められてゆくことでもある。まさに宗教福祉の根幹にかかわる問題提示ではなかろうか。

（6）実践の個別化―応機説法、自立支援―

福祉対象への援助過程の実際は、まさに社会福祉問題を担った生活者の個別性を抜きにしては成り立ち得ない。対人援助サービスのあり方を考えるとき、信仰生活上の迷いや疑問を抱えた信者に対する法然の対応は『一百四十五箇条問答』にうかがわれるように、実にみごとである。そのいくつかをあげてみよう。

一、心を一つにして心よくなをり候はすとも、何事をおこなひ候はすとも、念仏はかりにて、浄土へはまいり候へきか。
答、心のみたるゝはこれ凡夫の習ひにて、ちからおよはぬ事にて候。たゝ心を一にして、よく御念仏せさせ給ひ候はゝ、そのつみを滅して、往生せさせ給ふへき也。その妄念よりもおもきつみも、念仏たにし候へはうせ候也(19)。
一、日所作は、かならすかすをきはめ候はすとも、よまれんにしたかひてよみ、念仏も申候へきか。

答、かすをさため候はねは、懈怠になり候へは、かすをさためたるかよき事にて候[20]。

一、女房の聴聞し候に、戒をもたせ候をやふり候はんすれはとて、たもつとも申候はぬは、いかゝ候へき。たゝ聴聞のにわにては、一時もたもつと申候か、めでたき事と申候は、まことにて候か。

答、これはくるしく候はす、たとひのちにやふれ候とも、その時たもたんとおもふ心にて、たもつと申すはよき事にて候[21]。

一、妻おとこに経ならふ事、いかゝ候へき。

答、くるしからす[22]。

一、還俗のものに、目を見あはせすと申候は、ま事にて候か。

答、さまてとかす。ひか事[23]。

一、還俗を心ならすして候はんは、いかに。

答、あさくや[24]。

一、つねに悪をとゝめ、善をつくるへき事をおもはへて念仏申候はんと、たゝ本願をたのむはかりにて念仏を申候はんと、いつれかよく候へき。

答、廃悪修善は、諸仏の通戒なり。しかれとも、当時のわれらは、みなそれにはそむきたる身ともなれは、たゝひとへに、別意弘願のむねをふかく信して、名号をとなへさせ給はんにすき候まし。有智無智、持戒破戒をきらはす、阿弥陀ほとけは来迎し給事にて候也。御心え候へ。(25)

信者一人ひとりの個別的な悩みや疑問に直截簡明《ちょくさいかんめい》に答える法然には、何が本質的なものであり、何がそうでないものかといった根本のところが明確に定まっている。けれども法然は、世間に生きる生身《なまみ》の人間のもろさ・弱さをまず受け入れ、信者の質問に対して高踏的に指示するような答え方はしていない。

むしろ相手の立場や機根に応じ、法然の宗教的立場からの判断なり考え方を伝えるというかたちでの自立支援といってもいいかもしれない。これを受けて、問う者がどう判断し行動に移すかは相手にまかされており、「自己決定」が尊重されているようにも受けとられる。

仏教では、なによりも相手の機根すなわち、その人の能力や性質、さらにはおかれた状況等に即応して法を説くことが求められる。これを応機ないし対機説法という。先の法然と信者との問答のような場合には、ことさらに問う側と応答する側との信頼関係（両者の関係性の密度）がことの成否を決するといってもいい。そしてこの方法は、あくまでも相手（問う側）が主人公となるのである。こうしてみると、福祉的援助におけるワーカーとクライエントの関係性にもあてはまることのように思われる。

以上、とりとめもなく法然の法語を読み進めながら、この間考えてきたことがらをひとまず六つの観点からまとめてみた。今後のさらなる考察の踏み台になればと思う次第である。

註

（1）筆者は別稿「近世・近代浄土宗における仏教福祉思想の系譜」（『大正大学研究論叢』第五号）においてこのあたりの問題に言及した。なお拙編著『近代浄土宗の社会事業―人とその実践―』（相川書房、平成六年三月）も併せて参照していただければさいわいである。

（2）椎尾弁匡「浄土宗義と社会事業」（『浄土宗社会事業年報』浄土宗務所社会課発行、一九三四）二頁。

（3）吉田久一『日本社会福祉思想史』（『吉田久一著作集』一、川島書店、一九八九）九七頁。

（4）「選択本願念仏集（広本）」（石井教道編『昭和新修法然上人全集』理想社、一九五五）三六六頁。

（5）四十八願への着目によって社会事業を宗義的に基礎づけようと試みた最初は、椎尾弁匡ではなかろうか。註（2）「浄土宗義と社会事業」がそれである。近年では椎尾説を現代的に発展させた奈倉道隆の見解（代表的なものに「浄土教の福祉と近代社会福祉」『佛教福祉』第四号、昭和五二年一一月）がある。なお、奈倉には他に〈浄土教と社会福祉〉に関するいくつかの論文がある。
（6）「聖光上人伝説の詞」（註（4）石井教道編『昭和新修法然上人全集』）四五八頁。
（7）「選択本願念仏集（広本）」（註（4）石井教道編『昭和新修法然上人全集』）三六八〜三六九頁。
（8）「一期物語」（註（4）石井教道編『昭和新修法然上人全集』）四四〇頁。
（9）すでにはやい時期から渡辺海旭や矢吹慶輝らは法然の思想に「平等主義」や「デモクラシー」を見出している。
（10）吉田久一『全訂版・日本社会事業の歴史』（勁草書房、一九九四）二頁。
（11）阿満利磨『法然の衝撃―日本仏教のラディカル―』（人文書院、一九八九）一一八頁。
（12）註（11）阿満利磨『法然の衝撃―日本仏教のラディカル―』一二〇頁。
（13）「禅勝房伝説の詞」（註（4）石井教道編『昭和新修法然上人全集』）四六二頁。
（14）「浄土宗略抄」（註（4）石井教道編『昭和新修法然上人全集』）五九四頁。
（15）「聖光上人伝説の詞」（註（4）石井教道編『昭和新修法然上人全集』）四五八頁。
（16）岡本民夫「ソーシャルワーク実践の原理と思想」（大塚達雄・阿部志郎・秋山智久編『社会福祉実践の思想』ミネルヴァ書房、一九八九）九九頁。なお、ここでとりあげた問題についての理解を深めるうえで参考になる好著に、上原英正『福祉思想と宗教思想―人間論的考察―』（学文社、一九九五）がある。とくに親鸞の思想を踏まえた「人間の善や行為に潜む他者加害の契機」（一五七頁）に関する指摘に学びたい。

(17)「禅勝房伝説の詞」(註(4)石井教道編『昭和新修法然上人全集』)四六二～四六三頁。
(18)「つねに仰られける御詞」(註(4)石井教道編『昭和新修法然上人全集』)四九三頁。
(19)註(4)石井教道編『昭和新修法然上人全集』六四九頁。
(20)註(4)石井教道編『昭和新修法然上人全集』六五〇頁。
(21)註(4)石井教道編『昭和新修法然上人全集』六五三頁。
(22)註(4)石井教道編『昭和新修法然上人全集』六五六頁。
(23)註(4)石井教道編『昭和新修法然上人全集』六五六頁。
(24)註(4)石井教道編『昭和新修法然上人全集』六五六頁。
(25)註(4)石井教道編『昭和新修法然上人全集』六六八～六六九頁。

〈付記〉小論は共同研究「仏教と社会福祉に関する総合的研究」(メンバーは硯川眞旬、石川到覚、坂上雅翁、小此木輝之、梅原基雄、落合崇志、金子光一、上田千年および筆者からなる)の成果の一部で、筆者の責任において執筆した。研究例会時に発表された各氏の意見が多少とも反映されているとすればさいわいである。

なお、共同研究の他の成果は、本研究所発行『仏教福祉』創刊号(一九九七年三月)にも発表されているので参照されたい。

第二　念仏聖貞伝の仏教福祉

一、道心者蓮池の大仏勧進

津軽地方の宗教事情については、小館衷三『津軽藩政時代に於ける生活と宗教』に詳しいが、同氏によれば、同じ禅宗でも臨済宗が上級武士に迎えられたのに反し、曹洞宗は高祖道元の只管打坐《しかんたざ》の出家仏教を第二次的にし、祈祷と葬式を第一として下級武士、農民の宗教的要求を満たしながら修験（とくに天台宗）の檀那場を蚕食《さんしょく》して北上してきた。そして津軽地方には曹洞宗がもっとも深く浸透したという(1)。しかし浄土宗も少なからず教線を伸ばしており、東北地方のなかでもその比率は相対的に高いほうであった。以下で触れる蓮池と貞伝《ていでん》の二人は、時代も立場もタイプも異なるが、津軽地方における浄土宗の民衆教化に確固たる足跡を遺している。

元禄期、南津軽郡藤崎の摂取院に住した道心者蓮池の大仏建立事業については、『弘前藩庁日記』（以下『国日記』と略す）等を用いて近世津軽領の浄土宗の動向を丹念に追っている遠藤聡明の研究がある。(2)ここでは、史料を含めてその紹介の域を出るものではないが、筆者の関心に即して蓮池の念仏信仰に基づく勧進《かんじん》活動に着目してみたい。

蓮池が極めて行動的な勧進性を備えていたことは、すでに遠藤が引用している元禄一四年『浄土宗諸寺院縁起』の摂取院の項から、彼が当院第四代庵主として、つねに仏具の修復、念仏結集（常念仏の執行）をなし、また当地方にゆかりの深い金光上人持仏の弥陀尊像（伝円光大師作）を得て、その開眼を増上寺大僧正に請い、「金光山源空寺」の寺号を授与され、当院に安置したという記事からもうなづける。蓮池の勧進活動はさらに弘前誓願寺における大仏造立（丈六の阿弥陀如来像）へと進められていく。それが本格化する時期は元禄一五年（一七〇二）からとみられている。すなわち『国日記』宝永元年（一七〇四）一二月三日条には以下のようにある。

一誓願寺書付ニ而貞昌寺を以て寺社奉行松岡新兵衛迄申立候者、（中略）藤先村於摂取院蓮池と申道心丈六之阿弥陀如来元禄五己申年木取仕置申候、御光台座等至迄箔ニ仕度願望御座候得共、右蓮池一力ニ而取立申儀罷成兼候に付、去去年御郡中人別壱銭宛之以奉加取立候様奉願候得共、不被仰付只今ニ阿弥陀如来木取之儘ニ而差置候（下略）

すでに元禄五年（一六九二）段階で大仏の木取がなされていたこと、台座等に至るまで箔押しで仕上げたいが、事業成就は独力で叶うものではなく、郡中人別一銭宛て勧募の許可を願い出たものの許されなかったことが知られる。しかし同月一六日条になると「御領分中壱人一銭宛」勧募の許可が出ている。

そしてその後曲折はあったが、「拙僧儀在在浦々相廻り右奉加銭以御威光集」め、宝永四年（一七〇七）八月、蓮池の発願どおり大仏は誓願寺の本尊として迎えられ、開眼法要が同年十一月に営まれた。遠藤によれば、当時（元禄一一年七月以降）の誓願寺住職は後述する今別本覚寺貞伝の師安貞であって、蓮池は安貞からその手腕を買われ、安貞の伽藍復興の意向に沿って力を発揮したという。さらに同氏は『国日記』の正徳三年（一七一三）二月一八日条を引き、蓮池の大仏建立発願が元禄一〇年（一六九七）のことであり、その際彼は江戸へ出て当時名を馳せていた祐天から名号千幅を拝領、その頒布による収入を造立の資金とし、不足分は奉加によったこと。資金面では思うに任せず、正徳二年（一七一二）の春漸く箔代の返済を終えたこと、前年（正徳元年）増上寺住職になった祐天から弟子祐海を通じて蓮池のことを尋ねる書状が来たこと、これを受けて蓮池は七〇歳を越えた老境病身をおして江戸へ赴くべく、路金を大仏再興の恩賞にと願い出たことなどを紹介している。この折増上寺で祐天に拝謁し自筆名号を頂戴しており、その名号披露に関する記事も見られるが、とくに『国日記』正徳五年

（一七一五）四月一三日条が興味深い。

一藤崎村念仏堂庵主蓮智《ママ》書付ニ而寺社奉行迄申立候者、同所念仏道場及大破候付修復仕度奉存候、先年罷登候節祐天和尚名号三千幅余御座候、且又藤崎村摂取院什物円光大師御作仏並髪毛曼荼羅・行基菩薩御作仏観音・恵心之御作地蔵其外祐天大僧正之御筆大筆之名号、弘前於貞昌寺三七日開帳於両浜弐七日開帳奉願候（下略）

この念仏堂（念仏道場）は摂取院のことであろうが、堂宇修復のための募財方法として祐天名号三千幅の活用と先の祐天自筆大幅名号ほか当院什物の開帳を願い出ているのである。加えて同年九月には七日間一万日回向を実施したとみえる。蓮池の没年は同年一〇月二九日というから、記録から窺われるだけでも、その生涯の晩年二〇余年にわたる地域に根ざした勧進と民衆教化の実践は注目されよう。

蓮池の出自は明らかでないが、信行具備の道心者であったことは以上の記述からもうなづけよう。時代はやや下るが、津軽領内にあっても非正規僧たる道心者の無秩序な行動が問題視され、寺社奉行にその取り締まりが命じられているところを見ると、(3) 蓮池のような人物は、いわば模範的な道心者であったといえる。ここで彼の大仏勧進について整理しておきたい。

まず発願の趣旨だが、当地方に浄土宗の念仏を最初に伝えた法然面受の弟子金光上人を思慕し、その遺志を継承して念仏信仰を宣布するためである。次いで勧進と民衆教化の方法に見られる特徴としては、イ．地域内（領内）における勧進活動、ロ．祐天（同じ奥羽出身の当代著名なカリスマ的念仏者）名号頒布を通じての念仏結縁と祐天信仰の宣布、ハ．秘仏等の開帳による教化、ニ．歴史的な聖の勧進性の継承、などがあげられよう。

二、今別本覚寺貞伝の念仏勧化と地域密着型の民衆救済

良船貞伝《ていでん》（一六九〇～一七三一）は、上記の弘前誓願寺安貞の弟子で、今別本覚寺中興第五世の住職である。したがって彼は、先の蓮池のようないわゆる非正規僧たる道心者ではなく、また脱体制的な捨世派念仏聖と位置づけるのにも無理がある。しかしこれから述べるように、地域に密着した寺院のあり方を体現し、専修念仏者としてのひたぶるな念仏勧化、地域民衆の痛みや苦悩・生活ニーズに応えたその行動の唱導性、勧進性は、貞伝の津軽における自行化他の生涯を編んだ『東域念仏利益伝』二巻（以下『利益伝』と略す）の存在とともに、東北地方の念仏信仰史を語る上で見逃しえないものがある。

貞伝の事績や『利益伝』については、すでに肴倉弥八著『今別町史』[4]の外、金子寛哉「『貞伝上人東域念仏利益伝』について」[5]、圭室文雄「『東域念仏利益伝』について」[6]等の論考もあるので、ここでは、それらを参考にしつつ、まず貞伝の略伝にふれ、ついで彼の民衆教化・

救済の事績をその行動の勧進性にも注意して考察してみよう。貞伝の生年は明らかでないが、『利益伝』に本覚寺の住職になったのが享保三年（一七一八）六月、二九歳の時とあるから、逆算して元禄三年（一六九〇）の生まれとなろう。同伝によれば、今別村の出身で、二歳の時から父母が出家を望み、やがて弘前誓願寺安貞に投じ弟子となった。長じて浄土宗名越派檀林磐城専称寺に入寺し、修学一五年ののち郷里本覚寺の住職となると、享保一六年（一七三一）四月一〇日、四二歳で没するまでのおよそ一三年にわたり、当寺を拠点として民衆教化に努めた。

その様相は『利益伝』に詳しく、本書の内容は、圭室によれば、第一は往生人に関すること、第二は貞伝の利益と奇蹟、第三は地蔵菩薩の霊験、第四は金銅塔婆造立のことに大別され、ことに第二の点が数の上でも多く、かつ強調されているところに『往生伝』との相違が顕著である。また圭室は、本書には、「ごくありふれた農村や漁村の身近な生活の中での悩みが描き出されており、そしてそれが貞伝上人の名号札によっていずれもたちどころに解決されている点はなはだ興味深い」とし、「江戸時代における農村の寺の民衆との接点が、高邁な教義や思想でのつながりではないこと、さらには、民衆が来世往生の希求にそれほど比重をもっておらず、現世での利益安穏を何よりも強く求めていることが明らかにできる」と述べている。

たしかに一般論としてはその通りであろうが、筆者は「来世往生の希求」については、『往生伝』の普及と併せて地域性の問題を加味して考えてみなければならないとの見解に立つ。それにしても圭室が、「小規模の貞伝的人物は、むしろどこにでも存在し」ていたとし、「民衆の個人祈願、共同祈願をともに成就させてくれると期待させる人物こそが、江戸時代における生きた宗教者といえよう」と言及している点は注意されるべきであり、小論が踏まえる前提でもある。では、以下四点にわたって地域民衆の生活に密着した貞伝の念仏勧化とその社会性に着目してみよう。

（1）念仏勧化の影響力

『利益伝』には、「おほよそ上人書写の名号を奉持し、日課念仏を誓受する者亡慮《すべて》六万余人なり。其外一時結縁の輩は計るべからず(7)」とあり、勧化方法は書写名号と日課念仏の授与が基本であること。そして「貴賤心を傾けて帰敬し、遠近踵を継で来詣せり。家々に鉦鼓を鳴し、戸々に仏号を唱ふ(8)」ほどの浸透ぶりで、その結果「本願念仏の不思議も衆生の信心に依て顕はれ、をのづから現当の利益を蒙るたぐひ亦尠《すくな》からず(9)」といわれた。

そうした評判は、ついに藩主の耳にまで届くことになってお尋ねがあり、本覚寺檀家からその実状を記録した文書が役所に提出された。時は享保一二年（一七二七）のことである。そ

れが『利益伝』上巻前半に収められている一〇ケースで、まとめとして、

其外近年自国他国の諸人本覚寺へ來詣し、貞伝上人染筆の宝号を請け、日課仏名を誓約する者日々にたへず、其数別記にあり、随て現益の事共も往々に聞たり。[10]

とある。いかに貞伝の念仏勧化が、数々の現益を通して本覚寺檀家圏を中心とした地域民衆のあいだに深く根を下ろし、かつ周辺・他国へと広がりを見せていたかが察せられよう。

しかもその際彼の書写名号の功徳は殊の外喧伝されたもののようで、「榁の葉三枚に表裏に弥陀の名号六首を書してあたへ」これを洗い落として飲んだ例、「浄き磁器に弥陀の宝号を書して与へ」た例、「名号の御影を浄水に写し、拝服」の例などから、書写名号が霊符として用いられていた事が知られる。なお、貞伝の念仏勧化の影響は「僧俗一体の三遍返しの念仏[11]」として今に伝えられる。貞伝念仏ともいわれ、双盤を使い大波・中波・小波のよせては返す、自然のリズムに合わせ唱えるというものである。

（2）共同体の危機救済

二つの事例を挙げてみたい。一つは疫病等流行の際の対応であって、『利益伝』にみえる以下の記事がそれにあたる。まず流行病に関しては、「享保八九年の頃、津軽辺疫癘流行て、非命の死をいたす者多かりき。仍て和尚これを悲み覚して、本尊前にて百日の間梵網戒経を講

ぜらる、此時外の聴衆を招かず、仏法守護の諸天善神、竜神八部の冥衆を以て聴徒に擬し、法楽呪願して人民の疫災を除かんとなり[12]」、また同じ頃だが、「卒土浜の辺悪しき疱瘡流行て家々の幼児を失ひ泣き悲めり。貞伝和尚これを憐みて生者の祈祷、亡児の菩提の為とて、正月元日より百日の間百万遍念仏を興行せられけり、後には村里の小児招さるに群集して相共にこれを勤む[13]」と記されている。ちなみに、疫病の流行とその対応については先の『国日記』にも散見される。

二つ目は農作物被害への対応である。『利益伝』によれば「享保十三年戊申六月中旬の頃より、津軽辺諸方共に田畑に虫多く付て食ひからしければ、人民歎き苦しむ事甚し、……寔に於て諸民貞伝和尚へ救助を請ふ事再三なり、和尚もかやうの事力及びがたきよし辞退せられしが、少し思ひ得たりし事あれは消災の勤めを成し試むべしと申されける、其故は此蟲の災の本を案ずるに、或は飢渇に死したる者の横魂の所為か〈飢饉にて餓死せる者は餓鬼趣に堕すとあり〉或は近在にて数年山を焼て畑と成し耕作する事甚多し、其焚死したる生命計るべからず、其無数の精霊怨害をなす事もあるべし、仍て諸人相集り異口同音に百万遍念仏を修して、かの精魂の得脱に回向せば仏力法力にてかの怨念をひるがへし、災もおのづから止べし[14]」とみえる。

貞伝は虫害の原因を宗教的に亡き生類の怨害にもとめ、その精霊回向のために卒塔婆を書き、飲食を供養し、農民たちと共に百万遍念仏を修した。以上のように貞伝は個人の救済と同時に、地域共同体における生命や生産が脅かされたとき、民衆と共にこれを憂い、その苦しみを担って立った宗教者であったのである。

（3）金銅塔婆造立並びに万躰仏鋳造にみられる勧進活動

享保一一年（一七二六）正月、貞伝は金銅塔婆の造立を志願し、広く協力支援を呼びかけたところ、津軽藩内はもとより、北海道・秋田など各地から金銅器物類が集まり、その量は七百貫に及んだ。そこで出羽国の鋳工北原氏に発注し、高さ一丈（約三メートル）の大塔婆が翌年五月中旬に完成した。同六月二十三日から七月二日まで慶讃法要が行われたが、「自国他方より結縁群参の盛なる事、外浜に於て前代未聞のよし(15)」と伝えられるほど盛況であった。

注目すべきは造立の趣旨であって、貞伝を動かしたものは何か。すでに述べたように、貞伝に日課念仏を授与された者の数は六万余に及ぶ。彼は考えた。「このあまたの弟子の中には定て中悔退転の輩も多かるべし、われこれをいかんともすべきやうなし(16)」と。要するに貞伝は、自分の前で日課念仏を誓約した人のなかにも、月日が経つうちに中途でその誓いを破ってしまう人も出てこよう。そのような人々のためにこそ、この金銅塔婆を建立するのだという。

『利益伝』には、「金銅塔一基を起立し、結会諸人の名帳を納め、これを本覚精舎に安鎮し、将来永々寺塔の在んかぎり念仏法音の功力諸人線瞻礼の縁勲を以て、たとひ中悔怠慢の族も一念発起の信行遂に空しからずして、悉く浄土に起生し、蓮華勝会の主伴とならんとなり[17]」と記されている。心弱き民衆に対する貞伝の慈愛の心が伝わってくる。

次に万躰仏鋳造についてだが、これは金銅塔婆造立の際に集められた地金の余分を使い、弘前の鋳工に命じて、御長一寸二分の自作の弥陀像一万躰を鋳造させたもので、享保一五年（一七三〇）正月に成就した。そもそもこの万躰仏鋳造の発願は、貞伝修業の地弘前誓願寺が四〇余年前に火災で焼失し、仮殿のままであったため、一万躰の尊像を誓願寺に奉納し、これを有信の人に浄財と引き換えに与え、本堂再建の資助に充てるというものであった[18]。それゆえか、背面に「貞伝作」と刻銘のあるこの貞伝仏は津軽一円に分布し、お守り用の携帯仏などに広く使われたようである。金銅塔婆や万躰仏の造立勧進は、徳望世に優れた貞伝にしてはじめて短時日のうちに成し遂げられることがらであった。

(4) 地域の産業振興への寄与

この点でまず紹介したいのが、津軽出身の作家太宰治の『津軽』（一九四四年）に登場する貞伝にまつわるエピソードである[19]。主人公が、蟹田に住む友人Nを訪ねた際に貞伝が話題にのぼり、その寺を見に行こうということになって、外ヶ浜の案内者N町会議員が言い出した。

「文学談もいいが、どうも、君の文学談は一般向きでないね。ヘンテコなところがある。だから、いつまで経っても有名にならん。貞伝和尚なんかはね、」とN君は、かなり酔っていた。「貞伝和尚なんかはね、仏の教えを説くのは後まわしにして、まづ民衆の生活の福利増進を図ってやった。そうでもなくちゃ、民衆なんか、仏の教えも何も聞きやしないんだ。貞伝和尚は、あるいは産業を興し、あるいは、」と言いかけて、ひとりで噴き出し、「まあ、とにかく行って見よう。今別へ来て本覚寺を見なくちゃ恥です。貞伝和尚は、外ヶ浜の誇りなんだ。そう言いながら、実は、僕もまだ見ていないんだ。いい機会だから、きょうは見に行きたい。みんなで一緒に見に行こうじゃないか。」

太宰も貞伝のことは、竹内運平『青森県通史』の一節を引いているが、何よりもこの地方の人びとにとって貞伝は誇りであった。N君の言葉を通して、貞伝がいかに民衆の生活に目を向け、福利増進・産業振興に努めた僧として伝えられていたかが察せられよう。

では具体的にどのようなことが行われていたのかといえば、今のところ当時の確かな史料によって裏付けすることはできない。ただ伝承としては、漁民を指導して、漁労・繁殖・保護の実を挙げたとされ、その社会性が注目される。特に良質のだし昆布で有名な「今別昆布」は、漁獲の不安定に苦しむ漁師たちの生活を案じ、貞伝が読経とともに海に紙片を撒いたところ（丸石に経文を書いて投入させたとも言う）、それが昆布になったと伝えられる。

　その貞伝の遺志を継いで地域に根ざした民衆教化と生産指導を展開したのが本覚寺第一三世良序愍栄であり、当寺では貞伝・愍栄両僧を「中興」と並び称している。こうして現在でも九月三日、本覚寺多聞天堂において当地漁業組合の行事として大漁祈願（一切魚類精霊供養等）が行われ、引き続き「南無多聞天様」の旗を掲げて海に出る。あらかじめ「南無多聞天」または名号等を書写した丸石（近年は紙を使用）を用意し、船で近海を三度まわるが、二回目でこれを撒くという。かつては四、五〇艘の船で海上が埋まったそうだが、現在では一〇〜二〇艘ほどだという[20]。

　このような行事のなかにも、その昔貞伝や愍栄が漁民の生業に思いを致し、彼らの暮らしと深く関わる社会教化に献身していたであろうことが垣間見られる。「網の目を大きくして、小魚を捕らない」といった話や、植林事業への寄与といった伝承にもまた貞伝の念仏者としての限りない慈悲の心が伝えられるが、同時にそれらは、村民の生活倫理の確立と暮らしの安定を願う地域民衆の側から見た理想の僧侶・寺院像の反映でもあったのではあるまいか。

註

（1）小館衷三『津軽藩政時代に於ける生活と宗教』（津軽書房、一九七三年）一五六、一八五頁。

(2)『国日記』は弘前市立図書館所蔵。また遠藤聡明「元禄時代の津軽領内浄土宗の動向」(『仏教論叢』四一号、浄土宗教学院、一一九七)、同「宝永・正徳年代の津軽領内浄土宗の動向」(『仏教論叢』四二号、浄土宗教学院、一九九八)参照。

(3)『国日記』享保一二年一一月二八日条に見られる道心者取り締まり文書について、参考までに以下に掲げる。

一寺社奉行江申付候趣左之通

近年諸発心者数多相見得候而町在共ニ俗家ニ居住托鉢等致候様ニ相聞候、定而道心者ハ夫々師匠有之、勿論其発心者之心入も聞届候而、弟子ニ致候様被存候、左候ハバ在家ニ居住不仕候共、道心者庵又ハ其戒師之方ニ相勤可申事ニ候、左も無之候如何致たる儀ニ有之候哉、此段不得其意候、向後道心者之分俗家ニ居住不仕候様、急度可被申付候、

一道心者ハ諸宗ニ有之儀と存候、然者其宗々之袈裟衣着用可申処、多ハ法服ニ替無之、何宗之道心者共相見分かたく候間、自今以後、一宗切に慥ニ見分成易様ニ急度吟味可被申候、

一道心者在々所々散在候而種々勧進いたし、在家之男女令誑惑候様ニ相聞候、此等之事畢竟渡世一通之事と相見得候、其通ニ捨置候而ハ後々如何様之儀仕出シも難計候間、自今以後、一宗切ニ其司を立候而、諸発心者若様々勧化等不仕候様に、急度可被申付候、

一諸寺院より書出候末庵、支配庵之外近年在々所々墓守と名付候而数多有之候様ニ相聞候、是ハ其本寺も有之候哉、又在々ハ其所々庄屋了簡ニ而建立申儀有之候哉、此段可被申聞候、

一道心者之分一宗切ニ疾と被遂詮議、師匠並其道心者之因名、尤居住之庵共に御記可被差出候、

右之通申渡候様ニと寺社奉行江申付候、

以上によって、俗家に居住してはならぬこと。袈裟・衣を宗派の別がわかるよう着用すべきこと。在家の人々を惑わすような布教をさせぬよう宗派別に監督者を置くべきこと。本寺や庄屋が認知していない庵の建立をさせぬこと。道心者の認許・登録を宗派別に正確になすべきこと、などと取り締まりの対象事項が知られよう。なお、道心者についての詳細は、拙著『近世浄土宗の信仰と教化』（渓水社、一九八八年）を参照されたい。

（4）肴倉弥八『今別町史』（青森県東津軽郡今別町、一九六七）。
（5）金子寛哉「『貞伝上人東域念仏利益伝』について」（『大正大学研究紀要』六一輯、一九七五）。
（6）圭室文雄「『東域念仏利益伝』について」（笠原一男編『近世往生伝集成』三、山川出版社、一九八〇）。
（7）『東域念仏利益伝』（笠原一男編『近世往生伝集成』三、山川出版社、一九八〇）一二頁。
（8）註（7）『東域念仏利益伝』一七～一八頁。
（9）註（7）『東域念仏利益伝』一八頁。
（10）註（7）『東域念仏利益伝』二九頁。
（11）今別本覚寺住職工藤貞導氏談。註（4）『今別町史』五七三頁。
（12）註（7）『東域念仏利益伝』六七頁。
（13）註（7）『東域念仏利益伝』八一頁。また同書には「享保十年乙巳六月、貞伝和尚より名号累幅拝受し願ひの人々へ渡しけり、其比岡在ハ村毎に時行病にて人あまた死せり、しかるに貞伝上人の名号を奉持せる者は多分その病を遁れたり、云々」（二〇頁）とみえる。

（14）註（7）『東域念仏利益伝』三五頁。
（15）註（7）『東域念仏利益伝』三八頁。
（16）註（7）『東域念仏利益伝』三八頁。
（17）註（7）『東域念仏利益伝』三八頁。
（18）註（7）『東域念仏利益伝』四二頁。
（19）太宰治『津軽』（岩波文庫、二〇〇四）一一四～一一九頁。
（20）註（11）工藤貞導氏談。註（4）『今別町史』参照。

《付記》

小論は、池田英俊（後、大濱徹也）を研究代表者とする科学研究費・基盤研究A（1）研究課題「東北仏教の社会的機能と複合的性格に関する調査研究」の研究分担者としての筆者の研究の一部である。同時に、先に提出した論文「近世中期東北地方の宗教事情と念仏聖の宗教活動について」の補論をなすものでもある。

第三　原青民にみられる信仰と福祉実践

一、原青民略伝

日本が近代国家としての地歩を固め、国際的にもその地位を確立していく明治二〇年代から三〇年代にかけて、一人の清廉《せいれん》にして燃えるような信仰に生きた僧が浄土宗門に登場する。原青民《はらせいみん》（一八六八～一九〇六）である。

後述するように原は、肺結核を病み、三九歳の若さで没しているが、渡辺海旭《かいぎょく》（一八七二～一九三三）の盟友で、渡辺のドイツ留学中の一時期、『浄土教報』（以下『教報』と略す）の主筆を務めている。愛宗護法の念頗《すこぶ》る篤《あつ》く、二年有半にわたり、血を吐きながら他の批判を恐れぬ厳しい論陣を張った。宗門が近代教団として自立していく道筋をも提起しているのである。また、晩年は如来光明主義の山崎弁栄《べんねい》（一八五九～一九二〇）とも道交《どうこう》を深くし、その自証の境地は「信仰要領」（弟子への口授）として没後『青民遺書』(1)（以下、『遺書』と略す）に収められているほどである。

原の言説は、首尾一貫して信仰のリアリティーに裏打ちされたもので、信仰と社会的実践の合一を説き、念仏者が社会と向き合う契機を、信の深まりとの関係で論じてもいる。筆者は、昨年（二〇一二）、拙著『念仏者の福祉思想と実践―近世から現代にいたる浄土宗僧の系譜―』（法藏館）を上梓する機会に恵まれたが、同書の構想を描いていた頃、ふとしたきっかけから『青民遺書』（以下『遺書』と略す）に巡り合ったのである。

読み進めて衝撃を受けること一再ならざるものがあり、いつの日か信仰・教化史研究の光をあててみたいと思うようになっていた。しかし本章は準備不足もあって、原の出自、青少年期の境遇や原体験、師友との関係など未調査の点も多いうえに、時代背景や思想の潮流など全体社会の中での位置づけにまで至っていない。さしあたり、原の信仰と社会的実践（慈善）との関わりの構造、あるいは当時顕在化してくる社会問題や慈善への関心とその言説を取り上げて、原青民研究の糸口となれば幸いである。

ここで、徒弟善久が記した「略伝」を参考にして原の生涯を一瞥《いちべつ》しておこう。原は明治元年（一八六八）一二月五日、愛知県海東郡越治村の館喜兵衛の次男として生まれ、幼い時から出家の志を抱き、一三歳にして上京し下谷《したや》坂本最上寺の村瀬宏戒の下《もと》で得度した。一五歳のとき、師に従って北海道に渡り、常随して開教の事業を助け、共に辛苦すること五年に及んだ。二〇歳の春東京に戻り、翌年東京支校に入学。貧苦窮迫のなかにあって学業精励し優秀な成績を収め、二二歳、浄土宗学本校に転じた。学問への情熱いよいよ盛んにして、さらに高等科で五年学んだ後、専門科に進み、倶舎論、説一切有部の七論書および十住毘婆娑論の奥義を究めて、二九歳六月に卒業した。

この間、二三歳のとき浅草正定寺原勇善の徒弟となり姓を原と改め、二四歳一月、増上寺野上運海大僧正より宗戒両脈を相承し、二五歳七月、正定寺住職を継いでいる。過激な精励によってか、専門科を卒業して間もなく肋膜炎に罹《かか》るも、病癒《やまい》えて後二九歳九月より浄土宗学東京支校教授を拝命。その後三一歳のとき肺結核に侵され教授を辞し、鎌倉材木座千手院に転地療養す。三三歳の四月、親友渡辺海旭の懇請により『教報』を主宰することになったが、病重くなり三五歳の八月には主筆を辞して千手院に隠棲し、専ら称名の一行を修す。その徳風を慕って訪れる者は多かったという。三九歳の七月一日、端然正坐西向して合掌称名すること数声、往生の素懐《そかい》を遂げた。

原に近侍して師を最もよく知る徒弟善久は、「略伝」に次のように記しているが、その人となりは彼の言論にもよく顕れている。

先師生平寡言沈着、資性摯実戯笑を好まず、顔容厳粛居止端正、其人を誨ゆるや懇切丁寧、事を処する忠実綿密、糸毫《しごう》も忽諸にせず、而も一たび事を決するや明断果決、驀然直進、言はむと欲する所を言ひ、行はむと欲する所を行ふ、世の褒貶毀誉固より顧慮する所なし。其斎忌法要に際して断然禁煙禁酒を励行して俗流の誹謗を意に介せざりしが若き、信仰の復活祖道の恢宏を大呼して、毅然として権勢に屈せざりしが若き、咸く先師天性の流露にして以て正義を重むじ、大道を愛する護法の赤心を見るべき也。(2)

二、原青民の著作と提言

原の著作は、没後七回忌に編集・刊行された上記の『遺書』のほか、同書巻末の「著作目録」に掲載された数々の論稿がある。そのうちの大部分を占めるのが、『教報』主筆時代に巻頭を飾る「社説」として執筆されたものである。

全容の解明はこれからだが、あえて全著作の内容を傾向別に分けるとすれば、A．信仰論、B．教団論、C．教学・教育論、D．布教・教化論、E．社会問題・時事問題・仏教行事ほか、となるだろう。ただし、すべてがこのように判然と分けられるわけではなく、他にまたがる内容が少なくないことも言うまでもない。

ここで、原の上記各論の主要な論点ともいうべき事項について、そのいくつかを筆者の関心に引きつけて紹介しておきたい。まずAについてだが、執筆の時期としては、明治三四年（一九〇一）後半以降で、ほとんどが『遺書』に収録されている。重要なのは、「信仰の復活」「但声念仏ではなく単信念仏」「弥陀の実在の証明」「念仏（信仰）と道徳の一致」「弥陀の栄光を彰す」といった言説で、次に触れる当時の形骸化した宗門に対する批判を内に含むものであり、同時に後述する社会的実践と深く関わりを持つこととなる。

次にBでは、本山と宗派の権能や性格の違いを徹底して論じた「宗派主権論」、寺院・僧侶の役割やあり方等の言説に注目したい。寺院・僧侶にはそれぞれ二種の役割があるという。葬祭供養を任務とする祠堂寺院と布教・教化を任務とする教会寺院の「教葬分割論」を説き、僧侶の職務もまた葬祭供養と布教・教化に分かれ、後者の緊要なることが主張される。

なお、檀家とは葬祭の因縁による者を指し、信徒とは教義を信仰する者だと述べて、教線拡張のため「宗立教会」の設立を提起している如きは、いかにも原らしい。そして、宗教の最大目的たる信仰領得の指導をなすのは教義であって、この教義を信受する教友同行が精神的結合をなすものこそ「宗派」だとする。

原は、宗祖の正風を標榜し、しかも道徳を根底として人類の福祉の増進をめざす「新浄土宗」の興起を熱望するがゆえに、「祠堂的仏教、形式的偽善、方便的信仰」の弊習から脱却して、「教会的仏教、実践的道徳、精神的信仰」を取り戻さなければならない、と訴えている。[3]

Cでは、仏教、宗学、戒律等を論じる一方で、宗侶養成、学制改革等の提言にも見るべきものがある。ここでは「修道院設立の議」[4]について、若干紹介しておきたい。宗祖法然の七百年御忌に向けて、原は「祖恩報答の第一義が『祖道の拡充』則ち『信仰の復活』にあるや言を待たず」と述べ、「信仰の復活とは『安心の確立』に外ならず、抑も安心の確立は宗教の生命なり、安心内に立たずんば起行外かに正しからざるに至り、宗教は遂に無用の長物と成らざるを得ず」と言い切る。その「安心修養の道場」こそが修道院なのである。

原の宗門教育に対する批判としては、たとえば、その現状は神学校よりも普通学校の組織と同様の観があるという。教育の目的が、たとえ宗余乗により教義を研究せしめる面があるといっても、所詮は知識の開発、信仰の形式を知るに止まっている。

宗門教育の本来の目的は、「信仰の形式を知るの学者を作るにあらずして、信仰の内容を修得するの導師を求むるにあるは言を待たず」と述べて、従来型の教義研究（信仰の形式）中心の教育から、信仰修養（信仰の内容）を目的とする教育への改革を訴え、最後を次のように結んでいる。

浄土教旨の主眼とする所は弥陀摂護の現益を祈るに外ならざるを信ず、今日弥陀の救済を疑ひ別時念仏の修行を怠る者は、信仰の証明を自己の内証に求むるの修養を怠りて、義学の葛藤に迷惑すればなり、修道院設立は茲に於てか倍々要あり矣。

Dでは、布教の対象・目的・方法、説教、模範布教、少年教化等を挙げられよう。念仏信仰を宣布するうえで布教は生命線であるが、それだけに布教者の信仰のあり方と行動の如何が問われる。この点、原の見解は峻烈だが本質を突いている。ここでは、「第一人称の説教」[5]と題する論説を取り上げてみよう。

原は説教には、①自己の経歴を話す「一人称の説教」、②自己の話相手となった者の経歴を話す「二人称の説教」、③過去の人、または他人の経歴・思想等を話す「三人称の説教」の三通りあるが、仏教者の演説・説教はほとんど「第三人称の説法」によっているという。曰く、

徒に古人先徳の芳躅を挙ぐるは先祖の手柄話を吹聴するが如く、偏へに経論の高尚を誇るは薬の効能書を読むに異ならず、然るに此薬の効能書、先祖の手柄話流の説教演説を為して教導の責を尽し得たりと信じ得る者少なからざるが如し、仏教の振るわざる所以は、主として此三人称の説話を為して悟らざるにあり。

と痛烈に批判し、

故に予輩は身を以て仏教の真理なる事を証明し、能く一人称の説話を以て我等を導く

人の一日も早く出でん事を望むや切なり。

と、何よりも「身証」の重要なことを説いて本論を結んでいる。

Eでは、社会問題、時事問題、仏教行事、戒律と生活、慈善等があげられよう。明治三〇年代における仏教界の動向に関して、近代仏教史研究の開拓者である吉田久一は、「社会に積極的に進出して新しい使命を発見しようとする動きと、いま一つは個人の内面に沈潜して近代信仰とは何かを問わんとする動きがある」といい、「前者は社会的慈善事業に進むが、後者には第一義諦は法であって、むしろ社会事業や倫理道徳はひとたびは否定される」と指摘している(6)。

吉田は、前者の代表に「新仏教運動」をあげ、後者の代表に清沢満之《きよさわまんし》(一八六三～一九〇三)をあげているが、浄土宗でいえば山崎弁栄であろう。原は新仏教運動の同人でもある渡辺海旭の親友で、その言説には同運動の担い手たちと共通するところもあるが、一方では信仰の真実を追求し、山崎弁栄との道交を通じてより内証を徹底させている。ただし後述するように、その信仰と道徳、信仰と社会的実践の一致(信を主体的契機とする)を言明し、積極的な慈善事業の奨励者であるところに原の特徴が見受けられる。ここでは原の慈善観を検討してみたい。

原の慈善観は「浄土宗慈善会の賛同を求むるの書」(7)によく窺われるので、以下に整理しておこう。

①仏教慈善の原理→慈悲の心から発する善根の行が外に現れたもので、梵網経の「一切の女人は皆是れ我が母なり、生々に嘗て父母と為らざるは無し、一切の地水は皆是れ我が身血なり、一切の火風は皆是れ我が骨髄なり、然かも此を殺すは我が故身を殺し亦た我が父母を殺す也」を引いているように、仏教の三世観や縁起観を用いて慈善思想の根本を説く。

②慈善の実践主体に三種の別→イ．世間の慈善（義理や名誉のため）、ロ．小乗的慈善（他人の不幸を救うのは、他日の報恩を求める権利を得るため、または他人の苦痛を救うのは自分の幸福を保全するため、といった交換的な慈善）、ハ．大乗的慈善（三輪清浄の慈善、つまり施者・受者・施物の三者に執着の念を生じない真の報恩の行）の三種のうち、大乗的慈善を要とす。

③慈善の対象に二種の別→イ．個人的慈善（伝統的な道徳であって、路傍の乞者に惻隠の情から喜捨するようなこと）、ロ．公共的慈善（経済的変動や自然災害による窮民の救済で、社会全般の利害を標準として救済の方法を講じる慈善。具体的には養育院・孤児院・慈恵病院・貧民学校・赤十字社など）の二種のうち、前者は惰眠養成につながるもので、これからは「公共的救済」の方法に依らなければならないとし、浄土宗慈善会を設立する所以だとした。

④慈善事業は宗教家の職責→大乗菩薩道の六波羅蜜（布施・持戒・忍辱・精進・禅定・智慧）の

最初の布施は利他の行で、後の五つは自利の行だが、大乗の自利は利他のためにある。故に布施を満たせば、後の五つも具わる。布施には財法二施の別があり、法施とは教化伝道にあたり、財施とは慈善済民にあたるという。

そして、ここから原のユニークな見解が吐露される。先に当時の布教者に対する手厳しい批判を紹介したように、原が教化伝道の担当者に求めるハードルは高い。曰く「認許澄浄の不退心を安立する必要あるが故に諸法真実の相に通達するの苦修練行なかるべからず、即ち諸種の学芸を研究して内外の智識を具備するを要す、是れ英敏の俊才に待つべくして一般の学徒に望み得べきの事にあらず」とまで述べているが、一方、慈善済民事業については、「たとへ、愚鈍の器と雖も道心にして存するあらば容易に成就し得べきものとす」と対照的な扱いとなっている。

さらに続けて、「予輩は徒に形式的の布教に無用の労力を費すよりも寧ろ容易なる慈善事業に勤勉して宗教者の一分を尽すことを望む者なり、加之、社会は天上の音楽を聞くが如き迂遠なる説教を聞かんよりも肉体の飢渇を免れんことを求むるに切なり」と、社会問題がクローズアップされてくる時代への宗門の組織的対応を呼びかけている。原が、「祠堂的仏教」から脱皮して、現実社会との交点を模索する宗門人に「宗教家の職責」とまで言い、積極的に慈善を奨励している点は評価されよう。

ただし、本論では信仰との関わりに触れることなく、その論点は間接的にではあるが、教化伝道との比較からも垣間見られるように慈善事業の近代化とか専門性には程遠いように思われる。また、民間の慈善と対極をなす国家の政治や行政の役割と責任についての言及もほとんど見られない。

原は、明治三三年（一九〇〇）から同三四年（一九〇一）にかけて当時の仏教界を揺るがした社会問題にも積極的に発言している。従来は『教報』の社説として一部取り上げられていたが[8]、改めて原の言説として分析してみる必要があろう。具体的な論及は次の機会に譲るとして、いくつかの題目を以下に掲げておこう。「救恤慰問」（四〇五号、明三三・八・一五）、「公娼存廃の是非」（四〇九号、明三三・九・二五）、「禁酒日の設定」（四一一号、明三三・一〇・一五）、「鉱毒問題」（四六三号、明三四・一二・一）などである。

三、原青民の信仰論 ―社会的実践との関係から―

そもそも信仰は宗教活動の根本であって、その信仰のあり方が信ずる者の宗教的生活、社会との関わり等に投影されるものであろう。そこでつぎに、原の信仰論に触れながら、信仰と社会的実践との関係を考えてみたい。

　原は、浄土門の信仰で最も重要なことは「如来実在の観念（信仰）」だと言明する。それを担保するためには、「但声念仏」（口称孤起の念仏）ではなく、「単信念仏」でなければならない。「単信とは如来の実在と本願の救済とを確信する意識」だとし、一宗の泰斗と仰がれた岸上恢嶺『惟中策』中の「信法」の説教（口称孤起の念仏の唱導）を取り上げて、「畢竟聖教量の証明を越ゆる能はず、此等の証明は信心成就の為には全く無用にあらずとするも、此等経文を知らざるものに取りては些しの感動を与る能はず」と一蹴しているほどで、二祖三代の教説を踏まえながら、仰信・解信よりも自己内証の修養による証信を重んじた。(9)

　また、こうした信仰と行為との間には必然の関係がなくてはならぬとし、「往生極楽の信心ある者は必ず道徳的の行為なかるべからず」と、浄土宗が道徳的宗教であることを訴えている。

　ではその念仏と道徳の一致を説く論理はどうかといえば、「念仏の一行を修するは弥陀を瞻仰し奉る者は弥陀の具足し給へる功徳を受用するに至らざるを得ず、斯故に浄土門に於ては、万善の妙躰たる念仏の一行を修すれば世間の道徳も自ら具足す」と、名号の内には万行の功徳が収められているから、その発露（顕現）として道徳が実行される、ということであろうか。当時、布教の現場にあって説教師は盛んに「四恩十善」の世間善を説いていたようだが、原は、四恩十善も信仰がなければ一種の道徳説で、「念仏と世間善と調和し得ば、念仏の外に四恩十善を説く必要」はない、と言い切っている。(10)

つぎに、浄土教は死後の往生を説く未来教だとする宗内外からの批判的言説に対して、原は、「浄土教は偏へに死後の幸福を希望せしむると共に現在に於ける生存の苦痛より解脱を得せしめんとするものなり、蓋し此現在を厭悪せしむるものは、弥陀の摂取に帰命せしむる方便に外ならず、此を以て一旦豁然として弥陀の心光中に救済せらるる暁は、此有漏の穢身は変らざれと心は無為の浄土に栖み遊ぶ、是れ所謂更生なり(11)」と、浄土教の信仰は、決して死後の往生ばかりではなく、現に生きている者の精神の更生をもたらすものだと応答している。実は、その「更生」の内実が問われるわけである。

それでは、これより念仏信仰と社会的実践との内在的関係について、以下の三つの観点から考察してみたい。

第一に、近代における仏教社会事業の理念としてつねに掲げられてきた「浄仏国土・成就衆生」の原理はいかなる意味を有するかである。念仏三昧と「浄仏国土・成就衆生」の内在関係については、聖光の『徹選択集』下巻で論じられている。『徹選択集』の解説で高橋弘次は「念仏三昧を不離仏・値遇仏と規定して、浄仏国土成就衆生の通仏教的理念でもって、念仏の教えの普遍性とその深勝性を求めたのが『徹選択集』下巻の内容[12]」だとしているが、原は自身の内証を通して独自の見解を次のように述べている。

我等が出家発心したるは何の為ぞや、之を肉体の上より言はば厭離穢土欣求浄土にして之を精神的に言はば浄仏国土成就衆生を出でざるべし、仏国土を浄め衆生を成就すとは、顕示更生、同化現行の義なり、而して『顕示更生』とは弥陀摂取の証験を得て罪悪より解脱したるを言ひ『同化現行』とは新生命を得て弥陀の恩光を人に施すの行為を言ふなり、されば顕示更生は自証門に当り、同化現行は化他門に当る。[13]

原によれば、「浄仏国土・成就衆生」はどこまでも念仏者の目標であって、浄仏国土は自らの救い（更生）、成就衆生は救われたものが他者に向かって果たすべき役割を意味していることが分かる。ことに後者の「新生命を得て弥陀の恩光を人に施すの行為」と記しているところに注目したい。

原が『徹選択集』に格別な思いを寄せていたことは、「徹選択の福音」と題する論文があることからも察せられるが、その中で、「称名念仏の期する所は、極楽往生にあり、極楽に往生せんと欲せば、如来を離れざるあり、如来に離れざるは如来に値ひ奉るにあり、如来に値ひ奉るは、如来の光明体中に入るにあり、如来の光明、体中に入るは南無阿弥陀仏の体中に入るに外ならず、故に南無阿弥陀仏の称名を行ずる者は、浄仏国土、成就衆生の化用を施さざるべからず」と、説いているのは見逃せない。念仏者は「浄仏国土・成就衆生」の働きに努めよというのである。この辺りの論理展開はどこまでも原自身の内証から湧出してくるもので、彼の独壇場と言ってもよかろう。

第二に、浄土教でいう「往相《おうそう》と還相《げんそう》」の回向をどう捉えるかである。両者は自行化他の行為に外ならないが、通常、還相回向の円満な化他行は往生浄土の後に期するものである。しかしながら原は、生あるうちにもそれは可能で、「南無と唱ふる刹那は往相回向で、阿弥陀仏と唱ふるは還相回向と心得て然るべき事と信じます」といい、「されば、一称の念仏に一品の報恩行ありとすれば千称万唱の念仏には万善万行の利他行のあるべき筈[14]」だとまで言っている。念仏者はつねに報恩・利他の行人なのである。さらに原は、

還相とは是れ弥陀に対する報恩行を立てんが為に娑婆に来住して済世利民の修行を為す事なるを信ず、故に弥陀摂護の恩恵を受けたる者は此れが感謝の意を顕すが為に、法蔵因位の行法を模倣するは自然の情なり、是れ永遠にして重大なる報恩行を選ばざるを得ざる所以なり[15]。

と述べ、還相は弥陀に対する報恩行で、この世で済世利民の実践をなすことだが、同時にそれは法蔵菩薩の発願修業を模倣することでもある、と特異な自説を展開した。原の往還二回

向観は彼の信仰世界から導き出されるものであり、次に述べる「弥陀の栄光を彰す」といった使命感に裏付けられてもいる。

第三に、先の「更生」と「弥陀の栄光を彰す」ことの関係についてである。念仏者が、それまでとは異なる意味で、社会と積極的に向き合うようになる主体的契機とは何か。念仏信仰の深化による価値観（人生観・世界観）の転換であろう。そしてそれが原のいう「更生」であり、その歓びと感謝が「弥陀の栄光を彰す」という聖業として社会的実践を促し意味づけていくことになるのである。信仰の熱誠溢れる原の言説には、そのことを明快に伝える力がある。次に紹介する「前生後生と命終（宗教的生死の意義）[16]」と題する一文はそれを象徴している。まず「後生」について、「一期の寿命が尽きた時の後」と「生活動機の一変した後」の二義があるとし、そのうち後者（「宗教的に申さば主我の妄執を捨てて群生の慈父たる弥陀に帰命して更生したる刹那以往」）がもたらす「弥陀の栄光を彰す」という意味での社会的実践に着目してこう続けるのである。

茲に於きまして其（更生の――筆者註）喜びを世の人に頒たんとて檀波羅蜜多の修行に赴くのが、弥陀の栄光を彰すと言ふ事に成るのであります。弥陀の栄光を此地上に彰すのは、世のため人の為に尽すのに外ならぬから、国家社会の公務には進んで勉むる事となります。箇様であってこそ、始めて宗教が現世に効があって社会から歓迎せらるる事に成るかと考へます。隠遁と活動、消極と積極、死宗教と活宗教の分かるる所は、一の経典中に於ける『命終』の語に対する意義の解釈如何に依って決するものと信じます。

四、原青民の抱いた危機感

原の時代も、およそ一世紀を経た今日もまた、残念ではあるが、仏教そして浄土宗（念仏信仰）の教えが世の中に広まったとは到底言えない状況がある。愛宗護法・祖徳報答の志念に燃える原にとって、宗門の実情―葬祭中心・寺檀中心の形骸化した浄土教―には座視できないものがあり、もはや真の「信仰の復活」なくして宗門の明日はない、と危機感を募らせていた。

念仏の信仰、弥陀の本願力の素晴らしさを、いかに巧みに説き明かしたとしても、一般の人々の心を捉えることは至難である。むしろ大切なのは、念仏によって救われた者（弥陀摂護の恵みに預かった者）の品性がどう変わり、生き方がどう変わったか、といった「論より証拠」を見せられるようにすることが、私たちの務めだと主張したのであった。原の信仰は内外相応、人格と行動に結実して初めて意味を持つ。それが「弥陀の栄光を彰す」という、彼が最も大切にした信仰態度ではなかったろうか。

原青民の研究は、緒に就いたばかりである。改めて史資料を集め直し、とくにキリスト教や山崎弁栄との影響関係についても明らかにしていきたい[17]。

註

（1）原善久編『青民遺書』（千樹草堂、一九一二）。「凡例」に本書刊行の経緯等が記され、遺稿出版に賛同支援した有志の名を掲載している。高僧・碩学の名がずらりと並ぶ。渡辺海旭は、原の一七回忌の年に『浄土教報』（大正一一年八月）に「青民と白嶺」と題する一文を寄せている（『壺月全集』下巻、三〇五〜六頁）。その中で、「『青民遺書』は少なくとも吾宗の教化史には特色ある一つのモニュメントとして永遠の生命を有する」と、高く評価している。また、山崎弁栄との深い思想的関係にも言及されており、今後の研究課題となろう。
（2）註（1）原善久編『青民遺書』五頁。
（3）「新扶宗策」（『浄土教報』三五四号、明三二・三・一五）、「都市の布教」（『浄土教法』四一三号、明三三・一一・一五）、「宗派主権論」〈第三〉（『浄土教報』四二三号、明三四・二・一五）。
（4）『浄土教報』四七一号（明三五・一・二六）。
（5）『浄土教報』四五二号（明三四・九・一五）。
（6）吉田久一『改訂増補版・日本近代仏教社会史研究（下）』（『吉田久一著作集』六、川島書店、一九九一年）七四頁。
（7）『浄土教報』四一七号（明三三・一二・一五）。
（8）註（6）吉田久一『改訂増補版・日本近代仏教社会史研究（下）』参照。
（9）註（1）原善久編『青民遺書』中の「信仰の復活」「信仰成立の三法」参照。
（10）註（1）原善久編『青民遺書』中の「進歩的宗教」参照。
（11）註（1）原善久編『青民遺書』中の「進歩的宗教」参照。
（12）浄土宗聖典刊行委員会編『浄土宗聖典』第三巻（浄土宗、一九九六）三六二頁。
（13）「立願発心」『浄土教報』四九二号（明三五・六・二二）。
（14）註（1）原善久編『青民遺書』七〇頁「往相回向と還相回向」。
（15）註（13）「立願発心」。
（16）註（1）原善久編『青民遺書』六一―六二頁。
（17）本稿執筆後、筆者は「明治の念仏僧・原青民の研究（二）―山崎弁栄との影響関係から見えてくるもの―」（藤本浄彦先生古稀記念論文集刊行会編『法然仏教の諸相』所収。法蔵館、二〇一四）を発表しているので参照されたい。

第四　戦後仏教教団における社会福祉事業の変遷と特徴

はじめに

社会福祉の原型には、相互扶助、宗教的慈善、政治的救済の三つが挙げられる。それらは相互に関連しつつ、かつ重層的に入り組んだ構造をもって現代の社会福祉に受け継がれているが、なかでも宗教は、社会的共感のシステムを支える主要な理念と実践に深く関わっているとみなされる。宗教が社会福祉、とりわけ民間社会福祉の成立と展開に大きな意味と役割を果たしてきたこともまた周知のことである。では、仏教は社会福祉にとっていかなる役割を担い得るであろうか。ここで私は、以下の三つの面があることを指摘したい（実際にはこの三者は切り離しがたく、相互に関連しているのだが）。

第一は、仏教に基づく社会福祉理念というような意味においてである。社会福祉の理念を仏教に求める捉え方だから、たとえば、「二一世紀の社会福祉を下支えする仏教理念」と置き換えてもよい。具体的には、仏教の「一切衆生悉有仏性」「因縁生起（縁起）」「自他不二」「浄仏国土・成就衆生」「各各安立」「不殺生戒」「衆生恩」等の根本理念に照らして、今日における福祉価値としての、人間の尊厳性、個の尊厳、人権、平等性、社会連帯、共生、自立（律）、自己実現、平和共存、生命尊重などの本質に迫り、これを深化させていくことである。

第二は、仏教に基づく社会福祉実践思想という意味においてであり、社会福祉実践の思想を仏教に求め、実践の動機付けとしての仏教思想・仏教信仰（その過去・現在・未来）に関心が向けられる。この方面では、仏教者の社会福祉（救済・慈善・社会事業）実践の思想を歴史的に解明した知見に学ぶところが大きい（吉田久一・長谷川匡俊著『日本仏教福祉思想史』法藏館などが参考になろう）。また、筆者が大正大学大学院で担当した「仏教社会福祉特論」受講生による「仏教系社会福祉実践者調査」（計四回の報告書）からも、現代に生きる仏教社会福祉の実践の思想や理念、独自性、今後の課題などを垣間見ることができる。

第三は、仏教に基づく社会福祉実践という意味においてであり、実践主体としての教団・寺院・僧俗仏教者等に着目する。つまり、社会福祉実践の担い手たる教団・寺院・仏教者の事業や活動の総体（その過去・現在・未来）を指していう。

もしも「仏教社会福祉」について、上記のような捉え方が許されるならば、本稿は、第一の点はともかくとしても、第二の意味を念頭に置きながら、主として第三の意味における仏教社会福祉の歴史研究を意図しているといえよう。

つぎに、これまでの仏教社会福祉史研究が対象としてきた時代をみてみると、どちらかといえば第二次大戦以前、すなわち近代およびそれ以前に主力が注がれてきた。なかでも大正・昭和初期に登場した辻善之助・橋川正・浅野研真・谷山恵林らの業績は、前近代および当時の現代史をも含む通史的研究として戦後の研究に途を開くものとなった。戦後の歴史研究の分野では守屋茂や吉田久一らの開拓的業績があるが、一九六〇年代後半以降になると、日本仏教社会福祉学会の発足もあって、仏教社会福祉研究のなかでも歴史への関心は高く、個別研究において格段の深化をみせた。

古代・中世仏教史研究の多彩な成果に刺激され、仏教福祉史においてもみるべき研究は少なくない。また近代に関しては、社会事業成立期にあたる大正期を中心にその前後を含め、教団社会事業や先駆的仏教社会事業家についての研究が活況を呈している。しかしその対象が第二次大戦以後となると、一部を除いて本格的な研究にまでいたらず、未開拓のままつい最近にまで及んでいる。

このような戦後研究の停滞状況を打開するため最初に取り組んだのが、二〇〇〇年度から三カ年にわたって文科省科学研究費補助金の交付を受けた「戦後仏教系社会福祉事業の歴史と現状に関する総合研究」（基盤研究〈B〉〈二〉）である。そこでわれわれが意図した調査研究の第一の目的は、個別の教団や仏教者個人の活動なり、個々の社会福祉分野（種別）のいずれかを対象とするのではなく、ひとまず戦後の仏教系教団全体をカバーして、その社会福祉事業や活動の歴史的展開の全体像を俯瞰し得る資料を提示しようというものであった（ただし、ここでいう「仏教系教団」とは近代以前に出自をもつ、いわゆる「伝統仏教教団」を意味し、新宗教系は含まれていない）。

したがって、研究組織を編成するにあたっても、できるだけ宗派を異にする仏教系大学に所属し、社会福祉（仏教社会福祉）を研究対象としている第一線の研究者に分担研究者として委嘱し、各宗団の情報が得やすい環境に意を用いたつもりである。この研究の成果は、二〇〇三年六月発行の科学研究費の研究題目と同名の報告書と二冊の資料編（「戦後仏教系社会福祉史年表」および「仏教系社会福祉施設団体・活動統計一覧」）にまとめられた。

筆者を編者とする『戦後仏教社会福祉事業の歴史』（法蔵館、二〇〇七）はその報告書の内容を再吟味し、加除補訂したものである。同書の意義はどこにあるのか。さしあたり二つの面から指摘しておきたい。一つは、現代社会福祉を担う民間社会福祉事業（活動）のなかで仏教社会福祉の果たしてきた役割を歴史的に確認し、その実績を評価することにある。いま一つは、戦後仏教が、信教の自由、政教分離のもと、社会経済環境の激変、地縁・血縁共同体の崩壊、人々の生活様式や価値観の多様化等が進行するなかで、仏教の現代化ないし社会化の課題にいかに応え得たかを問い、仏教の今後のあり方を考えるうえで参考資料を提起することになるのではないか、というものである。

戦後仏教社会福祉の歴史を問うにあたっては、どのように時期区分するかが重要である。本研究が扱う時期的な範囲は、一九四五年（昭和二〇）の終戦から二〇〇〇年（平成一二）までで、この間を社会福祉史の時期区分と教団史上の画期の双方に目配りしながら、以下の四期に区分した。いまだ仮説の域を出ないものだが、本文はほぼこれにしたがっている。

第I期／終戦・戦後復興期［一九四五年（昭和二〇）〜一九五七、五八年（昭和三二、三三）ごろ］では、戦前期の取り組みも若干紹介し、敗戦直後の荒廃から復興へ至るなかでの仏教社会福祉を、第II期／高度経済成長期［一九五九、六〇年（昭和三四、三五）〜一九七二、七三年（昭和四七、四八）ごろ］では、経済成長とそのひずみへの対応、生活格差のなかでの仏教社会福祉を、第III期／低成長からバブル経済期［一九七四年（昭和四九）〜一九九二年（平成四）］では、オイルショックから変動相場・福祉見直し・国際化・バブル経済下の仏教社会福祉を、第IV期／バブル経済崩壊以降［一九九三年（平成五）〜二〇〇〇年（平成一二）］では、バブル崩壊以後、今日までの仏教社会福祉を、それぞれ教団の動向を踏まえながら、宗派別・福祉分野

（種類）別に叙述している。とはいえ、伝統仏教各宗派すべてをカバーすることはできなかったし、また仏教社会福祉の事業や活動、その分野等の取り扱いをめぐって異論のあることも承知している。いずれも今後の課題として受け止めていきたい。

なお、同書の姉妹編として別に『戦後仏教社会福祉事業史年表』を刊行している。各宗派ともに関係史資料の再調査をなし、できるだけ掲載事項の補充に努めたので（出典明記）、基礎資料として役立てていただければ幸いである。

一、戦後仏教教団における社会福祉事業の変遷

（1）戦後復興期

第二次世界大戦による敗戦、焦土と化したわが国は、一億総飢餓といった混乱期の生活問題への対応を経て、やがて経済にも復興の兆しが見えてくる。そうしたなかで、教団仏教は戦後まもなくから、まず飢餓の戦災者救済活動を多面的に展開し、戦災孤児・浮浪児、海外引揚孤児・寡婦《かふ》の救援にも取り組んだ。

一方、一九四七、四八年ごろから五〇年代前半にかけては、教団社会事業の再編と活性化に向けた仏教社会事業協会（連盟）等の組織化の動きが注目される。戦前以来の各宗単位の協会

組織の再編から、宗派横断的かつ道府県単位を超えた、広域的な仏教社会事業連盟の結成に至るまでの拡がりが見られた。ただし、教団および地域間にも温度差があるなどして、事業の実態を伴わないまま消滅していったのは惜しまれる。

次に本期を特徴づけるのは、一九四七年一二月の児童福祉法公布を受けて、五〇年代から始まる仏教系保育所・幼稚園の設置と、その指導者養成の活況である。一九五〇年一〇月には第一回全国仏教保育大会が開催され、戦前以来の「日本仏教保育協会」が再発足をみた。このほか同年五月の更生緊急保護法ならびに保護司法の制定に伴い、五〇年代中ごろから、各教団の更生保護や宗教教誨《きょうかい》の活動への関心が高まり始める。問題は、戦後の仏教更生保護事業全般にわたって、戦前期に比べ民間社会事業としての主体的契機は喪失し、どちらかといえば、政策の補足的・補完的地位に甘んじてきたとみられる点である(1)。

（2）高度経済成長期

本期には、産業構造の変化と人口の都市集中、地域間の過疎・過密の進行、核家族化、地縁・血縁共同体の崩壊等が顕在化し、新たな社会福祉問題として、高齢者問題、障害者問題、児童福祉問題に注目が集まった。一方、伝統教団の地盤沈下が進むなか、「家の宗教」から「個の信仰」をターゲットにした新宗教は、経済至上社会を支える業績主義・効率主義・合理主義の価値観のもとで、「貧・病・争」の悩みを抱える大都市の新住民のこころをつかんだ。こうした時代の変化に対応するため、伝統教団も六〇年代から各教団の命運をかけて、組織的な信仰教化運動を展開していく。

真宗大谷派の同朋会運動（一九六二年）、浄土真宗本願寺派の門信徒運動（一九六二年）、日蓮宗の護法運動（一九六六年）、浄土宗のおてつぎ運動（一九六六年）、天台宗の一隅を照らす運動（一九六七年）等がそれである。これらの運動はあくまでも信仰運動であって、直接的に社会福祉事業に関わるものではないが（社会福祉活動を含んでいる場合もある）、多少とも教団仏教が社会に眼を開き、社会的活動に関心を持つ契機となったこと、さらには教義や信仰と社会との接点に眼が向けられるようになったことは注意されよう。

老人福祉法が制定されたのは一九六三年七月である。一九七〇年には総人口に占める六五歳以上人口の比率が七・一％となって、わが国も高齢化社会の仲間入りをした。本期に老人福祉施設は数多く建設されるが、一九六八年八月末現在の調査結果によれば、判明した仏教系老人福祉施設は七二施設で、全老人福祉施設九一八に占める比率は、七・九％であった（『仏教大年鑑』昭和四四年版）。それほど高い割合ではない。

障害者問題や児童福祉問題に関しても、仏教保育の分野を除くと、仏教系独自というべき事業や活動に乏しい。このほか注目される事業といえば、一九五八年（昭和三三）一二月に始まった全日本仏教徒会議の決議による「歳末助け合い運動」、一九五九年（昭和三四）の伊勢湾台風ほか国内災害の救援、一九六五年（昭和四〇）から仏教界が動き出すベトナム救援運動、一九六〇年代に活発化するアジア救ライ運動が上げられよう。しかし、主たる活動が国内での募金であったり、僧侶中心の組織で、一般市民を巻き込むまでに至っていないなどの限界があった。

そうしたなかで、社会福祉教育・研究の方面に新たな展開が見られるようになったことは特筆に価する。たとえば仏教系大学には、戦前期から社会事業教育を担っていたところも少なくないが、一九六〇年代後半には、福祉系の学科やコースを設置している仏教系大学は、ほぼ二〇校で、短期大学の福祉学科を合わせると約三〇校にものぼる（前掲『仏教大年鑑』）。しかも社会福祉専門職教育を担う社会福祉学部社会福祉学科の四年制単科大学が、日本社会事業大学を除いて、一九五七年（昭和三二）の日本福祉大学（日蓮宗系）、一九六二年（昭和三七）の東北福祉大学（曹洞宗）、一九六五年（昭和四〇）の淑徳大学（浄土宗系）と、いずれも仏教系大学であったことは注意されなければなるまい。日本印度学仏教学会の「応用仏教学」部門の新設を契機に、日本仏教社会福祉学会が設立されたのは一九六六年（昭和四一）一一月のことである。

（3）低成長からバブル経済期

一九七三年（昭和四八）のオイルショック後、日本は成長の減速化により、巧みにこれを乗り切った。一九八二年（昭和五七）GNPに対し、国民所得が一万ドルを超え、一九八七年（昭和六二）の一人当たりのGNPがアメリカを抜くころから、「経済大国」と称せられるようになった。「経済大国」化は、福祉が常に経済の第二次的存在であり、さまざまなひずみも生じた[2]。一九七四年（昭和四九）からの「福祉見直し」論のなかで「日本型福祉」が強調され、一九八〇年代は「福祉国家の危機」に直面する。一方、一九七〇年代後半から地域福祉政策の流れが進み、一九八〇年代になると在宅福祉サービスの施策が展開し、また民間福祉サービスへの期待は高まり、「ボランティア」も広まりを見せ始める。

そうした状況のなかで、仏教界における貧困・低所得者、高齢者、障害者、児童等の社会福祉ニーズへの対応に関しては、社会福祉問題への認識の高まりと、その施策や事業・活動にある程度の組織化と多様化の傾向がうかがわれるものの、顕著な特徴を見出すことは難しい。とはいえ本期においても、部落差別問題、海外難民救援とボランティア活動、ビハーラ活動などには、新たな展開も見られた。

まず部落差別問題である。戦前期以来、同和事業をリードしてきたのは東西本願寺教団であったが、一九七九年（昭和五四）の第三回世界宗教者平和会議での日本代表の差別発言と、これに対する部落解放同盟の抗議に端を発し、同和問題は仏教界全体の喫緊《きっきん》の課題となった。詳細は別に譲るが、この差別発言は、教団の部落問題に対する理解の不徹底と差別的体質を浮き彫りにするとともに、諸宗教に至るまで同和問題への取り組みに向かわせる契機となり、一九八一年（昭和五六）六月には、「同和問題に取り組む宗教教団連帯会議」が結成された。やがて障害者やハンセン病者・エイズ患者等を含めて、仏教界ならびに仏教者自身の人権感覚が厳しく問い直される端緒ともなったのである。(3)こうして一九八〇年代以降、同和教育や人権学習が進められた。

海外難民救援活動の様相を一変させたのは一九七九年（昭和五四）のインドシナ難民の大量発生であった。日本のＮＧＯは、一九七〇年代後半に二二団体、一九八〇年代前半で四六団体が誕生し、難民の問題がいかに日本人に大きな衝撃を与え、ＮＧＯ活動への参加を促したかがわかる。ちなみに、その後の日本の国際化や自然環境問題の深刻化といった動きとともに、ＮＧＯ結成の動きは加速し、一九八〇年代後半には八六団体、一九九〇年代に入るや約二〇〇団体が組織された。仏教系ＮＧＯの誕生もまた、一九七九年（昭和五四）の事態を契機とする。(4)かくして仏教系の国際ボランティア活動（国際福祉）はアジアの難民問題を中心に広がりを見せ、活動内容も従来の募金・物資支援に加えて、医師や技術者、現地指導者の派遣なども行われるようになった。そしてさらに、前期に見られた臨時応急的な対応から、次第に一般のボランティアの参加を得て、組織的・継続的な活動へと展開していく。

いまひとつ、長寿社会の到来は喜ぶべきことであるが、高齢者にとってはそれだけ、死と向き合う時間が長くなるということでもある。また一方では、癌《がん》などの不治の病に侵された患者のケアの質が新たな課題となってきた。いずれもその人のＱＯＬ（生命の質）を支える、広い意味でのターミナルケアの問題領域である。西欧とは異なる宗教や文化を背景とした、日本人にふさわしいターミナルケアのあり方が摸索され、一九八五年（昭和六〇）、田宮仁によって「ビハーラ」が提唱された。仏教に基づくターミナルケアに教団人が注目するようになるのは、一九八〇年代後半からである。教団としては一九八六年（昭和六一）、いち早く浄土真宗本願寺派がビハーラ研究会を発足させているが、一九八八年（昭和六三）には「仏教と医療を考える全国連絡協議会」が結成された。ターミナルケアの理念と方法は、まず医療・看護の領域で取り入れられ（チーム・アプローチ）、次第に高齢者福祉の分野へと開かれていくその端緒が、本期にうかがわれる。

（4）バブル経済崩壊以降

一九九〇年代に入るとバブル経済が崩壊し、深刻な構造的不況に見舞われ、戦後最大の災害といわれる一九九五年（平成七）の阪神淡路大震災が、これに追い打ちをかけた。のちに

「失われた一〇年」と呼ばれる不況期に当たる。完全失業者数は一九九二年（平成四）後半から上昇に転じ、一九九九年（平成一一）六月の完全失業率は四・九％、完全失業者数三二九万人となって、国民の生活不安、精神不安をあおり、ホームレスが社会問題として注目を浴びた。同時に、社会経済環境の変化に伴って、心身の障害・不安、社会的排除や摩擦、社会的孤立や孤独などの諸問題が重複・複合化して生起し、こうした問題を抱えた人々を、社会の構成員として包み支え合う（ソーシャル・インクルージョン）ための社会福祉のあり方が問われるようになる（『社会的な援護を要する人々に対する社会福祉のあり方に関する検討委員会報告書』二〇〇〇年一二月、厚生省社会援護局）。ただし、この方面への仏教界の動きは緩慢のようである。古くは行基の「布施屋」に、近代では渡辺海旭らの「浄土宗労働共済会」など、仏教系セツルメントの先例に学ぶべきであろう。

本期において注目される仏教界の福祉活動としては、さしあたり阪神淡路大震災への救援ボランティアと国際ボランティアの広がり、ビハーラ活動の福祉的展開、多様な地域福祉活動などをあげておきたい。まず阪神淡路大震災への対応である。マスコミは報道の中立性・公共性からか、宗教者や宗教団体の動向についてはほとんど触れることがなかったが、実際にはかなりの宗教教団が何らかの救援活動を行ったとみられる。

なかでも迅速かつ活発な動きを示したのは、組織化された動員力をもつ立正佼成会・創価学会・真如苑などの仏教系新宗教であったといわれるが[5]、仏教系ボランティア団体を含めて、伝統教団の動きにも見逃せないものがある[6]。また、悲惨な震災の現場にあって、宗教者は救援活動などを宗教者として立ち向かわずに、一市民的ボランティアの一人としての活動に終始したという批判もあり、この世俗化批判をめぐって賛否両論、さまざまな意見が沸騰した[7]。この大震災は伝統教団の古い体質と危機管理能力の欠如を改めて認識させるとともに、個々の僧侶に仏教者としての社会的自覚を促し、仏教のあり方を厳しく問い直す機会ともなった。

一方、国際ボランティア（国際福祉）に関しては、一九九八年（平成一〇）のNPO法成立も後押しとなって、仏教系NGOの設立など組織化と専門化がいっそう進み、アジアを中心に、一般人を巻き込んだ継続的な活動が盛んになってきている。かつて高度経済成長時代、日本の教団仏教はその成長の陰にあって苦しむ同じアジアの仏教徒に対して、どれだけ共感し、いかなる援助の手を差し伸べたであろうかと振り返ってみると、たしかに隔世の感があるが、本当に地に足の着いたものとなるかどうかが問われるのは、これからである。

次に、「ビハーラ活動」に関してだが、その社会的な認知度はともかくとしても、こと仏教界に限って言えば、この一〇年余りの間にずいぶん広がりを見せてきたものである。一九九四年（平成六）、わが国の高齢化率は一四％を超え、本格的な少子高齢社会を迎えた。広井良典も言うように、これからのターミナルケアにおいては、ノン・メディカルな、つまり医学的な介入の相対的に薄い「死」のあり方が確実に増え、言い換えれば、長期ケアないし「生活モデル」の延長線上にあるような、いわば「福祉的なターミナルケア」が非常に大きな位置を占めるようになるであろう。(8)この場合重要なことは、「死」を視野に入れた福祉、すなわち「死への福祉」という捉え方であって、それまでの「生者一辺倒の福祉」に対する異議申し立てとしての意味をもつ。

かくしてケアされる側のニーズに応えるためには、生とは何か、死とは何か、つまりケアする側の死生観が問われ（このことはケアされる側も同じなのだが）、「たましいの（スピリチュアル）ケア」ともいうべき要素が、これまで以上に求められてくるにちがいない。ここに宗教の出番がある。しかもこの問題は、その国や民族が歴史とともに醸成してきた文化と深いところでつながっている。それだけに仏教界では、これこそ現代に仏教を生かすチャンスだと、各教団、僧侶たちは次々とビハーラ学習に立ち上がっていったのである。ただし、その活動が医療や福祉の現場にどこまで浸透していったかの検証はこれからである。

三つ目に地域福祉活動についてである。一九九〇年（平成二）の福祉関係八法改正を受けて地域福祉政策が展開をみた一九九〇年代には、福祉サービス供給主体の多元化の流れのなかで、地域における社会資源としての寺院の福祉活動に期待がかけられる。この動きに拍車をかけたのが、「地域福祉の推進」を規定した二〇〇〇年（平成一二）六月の「社会福祉法」施行である。寺院社会事業は大正期中葉から昭和戦前期にかけて盛んであって、[9]学ぶべき点も少なくないが、それはどちらかといえば行政主導の観をまぬがれない。戦前に倣って各教団は「一寺院一（社会福祉）事業」を掲げて、寺院の福祉事業や社会的活動を奨励してきたが、寺院の社会化は本来、その公共的性格の認識、寺僧としての宗教的自覚、内面的な信仰の発露として果たされるべきことがらである。目下、寺院を拠点として時代と地域のニーズに応えた先導的な事業や活動が、次々と生まれつつある。[10]民間社会福祉の新たな展開としても、今後の動向に注目したい。

二、戦後仏教社会福祉事業の特徴

（1）戦後史にみられる時期区分の特徴

仏教系社会福祉事業の戦後史を振り返ってみたとき、大きく前後の二つの時期に区分されるように思われる。前半は終戦直後から高度成長期までで、どちらかといえば戦前期からの伝統や実績のうえに、その継承という性格が強く、仏教の現代化も信仰運動（個の内面の問題）の次元にとどまり、社会的な応答は希薄であって、社会福祉問題への関わり方は内向きで独自性に乏しかった。すなわち一部の事業を除いて制度内的・受動的なもので、理念主導的・開発的な事業は少ない。この点は戦後の政教分離、公私分離、そして社会保障・社会福祉の国家責任が高唱されるなかでの、民間性（ボランタリズム）の埋没をも意味するものであった。

これに対して後半は、バブル景気を経て、少子高齢化の進展と国家財政の悪化が深刻化するなかで、福祉国家の危機ないし再構築が問われるという厳しい状況下に置かれた。人々の価値観が次第に客観的な量の問題から主観的な質の問題へと変化するに伴い、社会福祉の目指す方向もキャッチ・アップ型の「量」重視から、低成長下における「質」重視、つまり多様化へとシフトし、対象領域も拡大してきた。高齢化や延命医療がもたらしたＱＯＬとターミナルケアの視点、「死への福祉」への着目もその重要なひとつである。くわえて、福祉の市場化など供給主体の多元化、公私の役割分担、地域福祉の進展が叫ばれるなか、民間社会福祉の一翼を担う教団・寺院・仏教者の出番も準備されてきたといえよう。このような外部環境が存在する一方で、教団仏教それ自体も、その現代化の内実を社会性や国際性、社会的問題への積極的な関与に見出そうとする方向に傾斜していき、仏教社会福祉の独自性もうかがわれるようになる。

仏教の「共生」の思想[11]、東南アジアの上座仏教（テーラヴァーダ）との出会いとエンゲイジド・ブッディズム[12]の紹介など、いずれも一九九〇年代以降の日本仏教の社会的活動に与えた影響は少なくない。社会福祉の国際化と地域化がますます進むなかで、二一世紀は、まさに仏教の社会福祉事業や活動の真価が問われることになろう。(13)

（2）戦後仏教社会福祉事業の性格と特徴

第一に、仏教教団の社会福祉問題への関心や取り組みは、どちらかといえば宗教福祉本来の自律的・内発的な面よりも、外部環境（制度化や世論等）によって規定される他律的な側面が強かったように思われる。この点はこれまでしばしば指摘されてきた、教団の古い体質や宗門人にみられる人権意識の希薄さ、また社会問題に対する関心の低さや認識不足（問題の所在を内面的な心の問題に置き換えてしまう）などと決して無関係ではなかろう。

第二に、上記のような事情があるとはいえ、教団社会福祉事業にも各宗ほぼ共通して斯界に貢献している次のような分野がある（裏を返せばそれ以外は、個別の先駆的事例を除くと貢献度はいまひとつということ）。戦前期以来の伝統でもあるが、保育事業、教誨・更生保護事業（ただし、戦前に比べ従事する仏教関係者の数も割合も減少傾向）、そして教団のネットワークを生かした国内災害救援活動である。なかでも保育事業に関しては、その理念・指導方針・内容・人材育成・組織化等に独自の展開が見られ、仏教界にとって誇りうる福祉分野となっている。また東西本願寺教団が長く中心的役割を担ってきた同和事業は、既述のように一九八〇年代以降、全教団共通の解決すべき課題となり、各宗ともに同和教育・人権学習に組織的な取り組みを見せている。同様に一九八〇年代後半以降、仏教界に新たなケアの実践として登場し、各宗内にさまざまなかたちで広がりつつあるのがビハーラ活動である。広い意味での「末期の看取り」であって、かつて菩提寺の住職が担っていた、檀那の臨終における看取りの現代版でもある。

第三に、仏教界として社会福祉事業を担う個人および団体の組織化をあげたい。戦前期にはほとんどの教団で社会事業協会（連盟）を組織していたが、戦後は単位事業体が社会福祉法人など、宗教法人とは別の法人格を有したこともあってか、組織化の経緯や状況は宗派によって異なる。むしろ保育事業や教誨・更生保護事業、同和事業など分野別の協会（連盟）が各教団単位で設立され、保育分野に関しては宗派横断的な「日本仏教保育協会」が存在する。また各宗それぞれ宗務機構上に、福祉関連の事業や活動を所管する部局を置いている。

第四に、教団あげての信仰・教化運動、各宗祖の生誕・入寂ならびに開宗に関わる記念事業などと、教団福祉事業との関連にも注意を要する。たとえば天台宗の一隅《いちぐう》を照らす運動、真宗大谷派の同朋会運動、日蓮宗のお題目総弘通運動、臨済宗のおかげさま運動などには、宗門における福祉事業活性化への期待や、そのあり方を問うている面があることも見逃せない。そしてこのことは、宗祖の信仰と教え（宗義）に基づく福祉実践とはいかなるものか、教団の社会福祉事業の独自性（理念を含めた）をどこに見出すか、といった問いかけでもあろう。この点についての十分な議論と考察は今後の課題である。

第五に、特定の教団の枠を超えた宗派横断的な協同組織による福祉活動は、宗教界全体にわたる場合と仏教界に限定される場合とがある。後者にも全国と都道府県、社会福祉全般と特定福祉分野でそれぞれ組織が分かれるが、特定福祉分野を除くと、「政教分離」前の戦前期のほうが組織化は浸透した。ただし、行政主導型の組織であった。戦後の「全日本仏教会」（含都道府県仏教会）をはじめ既存組織の社会福祉への貢献は、一部の活動を除いてこれからであろう。なお一九九〇年代以降、仏教系大学でも福祉系学部・学科等の開設が相次ぎ、「仏教社会福祉」関連の授業科目を設置するところが増えた。日本仏教社会福祉学会への期待も高まりつつあると言えよう。

（3）宗派別の特徴

さいごに、あくまでも相対的にではあるが、同書各論から得られた知見に基づき、教団社会福祉事業にみられる特徴を宗派別にあげてみよう。事業の規模・内容・組織など教団の規模とも関係しようが、ひとまず以下の順序に従って述べる。

①南都仏教は、歴史的に著名な大寺院による単体の事業で、それぞれ聖徳太子や光明皇后の事績、真言律宗、観音霊場など、社会事業史上における由緒・伝統の継承という性格が強い。

②天台宗系は、一隅を照らす運動を通して、「国際福祉」への道筋をつけたこと。また浅草寺や四天王寺を母体とした総合的な社会福祉事業の展開には、前者が観音信仰のメッカとして、庶民の悩みや不安に応えてきた伝統の近・現代的な継承（社会問題への応答）、後者は聖徳太子信仰（四箇院創設の伝承）の社会的な発露とみることができ、この点では南都の大寺院によるケースと共通する。

③真言宗系では、戦前期からの成田山新勝寺（智山派）による五大事業は有名だが、このほか福祉関連事業への助成制度として、一九八〇年代の高野山真言宗および真言宗豊山派による社会福祉基金の創設などがある。近年、宗祖空海の真言密教の思想に依拠した、「密教福祉」の提唱と学会が設立された。今後の事業展開が期待されよう。

④浄土宗では、戦前期には仏教界の社会事業をリードした面もあったが、戦後は保育事業を除くと必ずしも積極であったとは言えない。宗団事業としての「社会福祉法人袋中園（沖縄）」創設のほか、一九九〇年代に浄土宗総合研究所に「仏教福祉研究班」が置かれ、機関紙『仏教福祉』を発行するなど、この方面の研究や啓発事業が行われている。むしろ「浄土宗

二一世紀劈頭宣言」後の取り組みが問われよう。

⑤真宗大谷派では、戦前以来の仏眼協会による視覚障害者福祉事業の展開、本願寺派と並ぶ教誨師・保護司の活動や組織化、同和事業、さらに保育事業と保育者養成の実績のなかから近年創設をみた、独自の資格制度「保育心理士」（二〇〇〇年。大谷保育協会認定資格）などがあげられよう。同朋会運動を通して汲み上げられた活動や事業も少なくないであろう。

⑥浄土真宗本願寺派は、戦前以来の実績もあり、また社会福祉に関する宗団としてのポリシーが他教団に比べ明確である。したがってその組織化や人材育成を含めて、伝統教団のなかでは福祉関連事業に最も積極的であると言えよう。ことに同和事業の推進と同朋運動との関係、同和教育振興会と同和教育センターの設立、一九七八年の社会福祉推進協議会（全国・教区）の設置、一九九〇年代以降の全国に及ぶビハーラ活動の組織的展開など注目されよう。なお社会福祉推進協議会は、社会福祉の教学的根拠を「報恩行」と「同朋精神」の二つに集約している。一九八〇年代から『浄土真宗福祉白書』を発行している。

⑦時宗は、寺院数四一四と小規模な宗団であることから、同和事業や災害支援を除くと、組織的活動にまで至っていない。

⑧融通念佛宗もまた寺院数三五九の小規模宗団であることから、組織的な活動は乏しいが、総本山大念仏寺を母体とした「社会福祉法人大念仏寺社会事業団」の、総合的な児童福祉事

業をあげておきたい。

⑨曹洞宗では、組織的には保育事業や教誨師・保護司の活動に加え、ことに一九八〇年代以降の人権擁護・同和事業、海外難民支援など、宗門あげての活動に注意したい。前者は一九七九年（昭和五四）の差別発言に対する痛苦な反省を契機としており、後者もまた一九七九年（昭和五四）のインドシナ難民の大量発生に端を発している。一九八〇年（昭和五五）発足の曹洞宗東南アジア難民救済会議（ＪＳＲＣ）は、のちに曹洞宗国際ボランティア会（ＳＶＡ）に改組され、わが国の海外ボランティア活動に先駆的役割を果たした。

⑩臨済宗・黄檗宗では、組織的な事業としての実態は見えにくいが、托鉢による募金と救援活動のほかに、「ワット妙心寺」や「臨済アジア・センター神戸」（ＲＡＣＫ）の事例など、アジア地域の難民救援に力を注いでいる。

⑪日蓮宗では、宗祖降誕七五〇年等、宗祖の記念年に向けた信仰・教化運動との関連で、社会福祉活動の展開が見られる。たとえば一九八一年（昭和五六）の宗祖七〇〇年遠忌の際には、同年に「社会福祉法人立正福祉会」が設立され、家庭児童相談室の全国展開に途を開いた。立教開宗七五〇年に向けての日蓮宗ビハーラ講座開催にも、宗団の教化と福祉の方向性が窺われよう。

以上、各論で跡付けた各教団の社会福祉事業・活動のなかから、それぞれ特色の見られる主要な組織的取り組みを中心に掲出してみた。それがどのような思想・理念に基づき、かつ宗義との関係はどうかなど、今回論及できなかった問題を含めて、宗派間の比較研究は今後の課題とさせていただきたい。

註

（1）滝村雅人「戦後の仏教者による更生保護」（池田英俊他編『日本仏教福祉概論』雄山閣、一九九九）参照。

（2）吉田久一『新・日本社会事業の歴史』（勁草書房、二〇〇四）参照。

（3）近藤祐昭も指摘するように、教団仏教のなかには、個人と社会を切り離して、宗教的平等や個人の内面に限定し、社会生活のなかにある差別や苦悩は宗教の課題ではないとする考え方が、根強く存在しているところに問題がある（「仏教と差別問題―真宗と部落解放運動―」『日本仏教福祉概論』）。

（4）有馬実成「戦後の仏教ボランティア」（池田英俊他編『現代日本と仏教Ⅳ・福祉と仏教』平凡社、二〇〇〇）参照。

（5）国際宗教研究所編『阪神大震災と宗教』（東方出版、一九九六）参照。

（6）たとえば、既成教団のなかでも被災した寺院数、寺族・門信徒の死亡者数が最も多かった浄土真宗本願寺派では、震災による経験と反省を忘れることなく、今後に生かすため、被災状況、救援活動および復興への経過を『阪神・淡路大震災の記録』（一九九八年三月）に収めている。

（7）註（5）『阪神大震災と宗教』、「特集・出家とボランティア―阪神大震災と仏教者たち―」（『現代教化ファイル』四、教化情報センター二一の会、一九九五）など。

（8）広井良典『ケアを問い直す―〈深層の時間〉と高齢化社会―』（ちくま新書、一九九七）

（9）戦前期の「寺院社会事業」については、拙稿「大正・昭和戦前戦時期の寺院社会事業について」『近代仏教』七号（二〇〇〇）を参照されたい。

（10）上田紀行『がんばれ仏教―お寺ルネサンスの時代―』（NHKブックス、二〇〇四）参照。なお、観点は異なるが、社会福祉の専門分野に宗教社会福祉事業を入れるべきだと主張する『宗教と社会福祉の思想』（東方出版、一九九九）の著者三宅敬誠は、新著『寺院の社会福祉』（せせらぎ出版、二〇〇五）で、寺院の社会的役割として「家族を守る仏教」を提唱されている。傾聴すべき論点も多い。

（11）黒川紀章の『共生の思想』が発刊されたのは一九八七年であった。黒川も言うように、椎尾弁匡によって提唱された「共生《ともいき》」は、一九九〇年代に入ると教団仏教も口をそろえて仏教の縁起の思想に根拠を持つものとして説かれた。

（12）「エンゲイジド・ブッディズム」はベトナム戦争のころ、同国の僧ティック・ナット・ハーンによって提唱されたと言われる。日本語の定訳はなく、「行動する仏教」「社会をつくる仏教」

「社会参加をする仏教」などと訳され、仏教が個の内面の苦しみに応えていくとともに、貧困や差別、環境破壊など、社会が生み出した苦しみにも向き合っていく社会的実践を意味する。ランジャナ・ムコパディヤーヤ『日本の社会参加仏教』（東信堂、二〇〇五）参照。

（13）仏教側からではなく、福祉社会の構築といった視点から、広井良典は『持続可能な福祉社会――「もうひとつの日本」の構想――』（ちくま新書、二〇〇六）で、新しい「つながり」の原理として普遍宗教（キリスト教・仏教・儒教）に着目し、さらに「新しいコミュニティ」づくりの拠点として、寺院や神社の役割に期待している。「神社やお寺などの空間は、まわりにある森や自然とともに、その地域で生きた人々が皆そこに帰っていくような、いわば生と死を超えた場所として意識され感覚されていた。（中略）言い換えれば、コミュニティとは、本来「死」という要素をその本質に含むものであり、同時にまた、「『死』を含むコミュニティの再構築」が現在そしてこれからの日本社会にとっての大きな課題なのではなかろうか」との問題提起は、仏教社会福祉のこれからを考えるうえでも参考になろう。

第五　宗教社会福祉の独自性と仏教社会福祉研究の課題

皆さんおはようございます。先ほどは音楽法要そして開会式、素晴らしい五十周年の記念に花を添えていただきましたことをあらためて感謝を申し上げる次第です。また開会式ではそれぞれ学会等を代表される方々から過分なお言葉を頂戴して本当に身の引き締まる思いがいたします。少しでもそのお言葉に沿えるように努力をしてまいりたいと思っております。

はじめに

ちょうど一年ほど前のことになりますが、日本の社会福祉研究と近代仏教史研究を長きにわたって牽引してこられ、仏教社会福祉研究に関してもさまざまな示唆を与えてくださった吉田久一先生の遺著『日本社会事業小史―社会事業思想の成立と挫折―』（勁草書房、二〇一五）が刊行されました。没後一〇年を経過してのことです。多少とも本書の刊行に関わりを持った者として、是非触れておかねばならないことがあります。本書刊行の経緯の中でも一部は述べていますが、改めて紹介しておきたいと思います。

吉田先生の最晩年、遺著となる先の原稿執筆中の折に、先生のご自宅を訪問した時のことです。先生から、大正デモクラシー期の社会事業の開花が、昭和初期から準戦時・戦時体制下で挫折してしまい、その歴史の教訓に学ぶべく努力してきたはずなのに、戦後の福祉国家路線もまた上向いてきたところで、再び政治や経済に翻弄されてしまっている。どうしてこの国は性懲《しょうこ》りもなく、同じ轍《てつ》を踏もうとしているのだろうか、と問いかけられる先生の言葉は、半ば嘆息と言ってよいほどでありました。そのとき私は不用意にも、ある種の日本人論のようなコメントを口にしたところ、即座に、「そういった評論家的な物言いでなく、実証的な研究で明らかにしなければ」と厳しくたしなめられたのでした。

同時代を生きられた、歴史の証人でもある先生が、どこまでも研究者としての学問的な態度を崩されなかったことは、私たちが肝に銘じなければならないことです。同時にまた私たちは、あの時の吉田先生が洩らされた「嘆息」の意味を十年経過して、より緊張が高まっている今日の歴史的状況の中で問い返さなくてはなりません。仏陀の思想も、祖師たちの教えや信仰も、時代を超えて伝播し受容されてきたわけですが、肝要なのは、それぞれの時代状況の中で、どのように受容されてきたかが実証的かつ反省的に問われなければならないことでありましょう。つまり「反省的」とは、仏陀や祖師たちの思想信仰の原理とそのときの歴史的・社会的状況とのあいだで、前者が後者に飲み込まれてゆくのではなく、前者の原理を時代に対峙《たいじ》させる、厳しい緊張関係を疎《おろそ》かにさせてはならないということです。そこにこそ仏教社会福祉を学ぶ私たちの立脚点があると考えます。

なお、これからの報告に登場する研究者等のお名前はすべて敬称を省略させていただきます。

一、日本仏教社会福祉学会の果たしてきた貢献

ここでは、本学会の半世紀の歩みを省みて、その果たしてきた役割や貢献ともいうべき事柄を、学会活動の波及効果も含めて述べてみたいと思いますが、学会としての総括というよりも、およそ四十年にわたり本学会で育てていただいた私の試見にすぎないことをお断りしておきます。まず貢献面に関して、以下の四点をあげておきたいと思いますが、それぞれ相互に関連することではあります。

（1）日本の「社会福祉の歴史（叙述）」の内容を豊かにした

わが国における社会福祉の歴史の内容を豊かなものとする上で一定の役割を果たしてきたといってもよいでしょう。時代的には戦前期の橋川正・辻善之助・浅野研真・谷山恵林らによる日本仏教社会事業史研究の批判的考察の上に、新しい切り口と新史料の発掘による前近代の実証的な研究が深まりを見せたことがあげられます。

但しこの分野では、社会事業史よりもむしろ、日本仏教史研究の進展に負うところが少なくなかったといっても過言ではないでしょう。また近現代に関しても、一九五〇年代末から一九六〇年代前半にかけての上述の吉田久一による古典的著作『日本近代仏教史研究』及び『日本近代仏教社会史研究』の影響もあって、教団史・地域史・施設史・人物史等からのアプローチに数多くの個別的な成果がうかがわれます。社会福祉の歴史を制度・政策史の上から見るのであれば、仏教社会福祉（仏教福祉・仏教社会事業を含む）の出番は限定的でしょうが、とりわけ実践史と思想史の面に焦点を当ててみるならば、実り豊かなものがあり、日本の「社会福祉の歴史」に特色と豊富な内容を与える上で一定の役割を果たしてきたのではないでしょうか。今後の更なる研究の進展に期待をしたいと思います。同様に、日本仏教が歴史社会の中で果たしてきた重要な役割の一つに、いわゆる「仏教社会事業」があることはよく知られております。

（2）社会福祉の日本的特質を解明するうえで基礎資料を積み上げてきた

先に述べたことと密接に関連しますが、その特質を考える場合に、とりわけ血縁・地縁共同体における互助ないし共助の問題がありますが、それ自体も時代社会の構造的変化にともなって変質を遂げているのは周知のことであります。しかしここでは、西洋におけるキリスト教をベースとした個人主義的な精神風土の中での社会福祉（ソーシャルワーク等）に対して、仏教の果たしてきた、あるいは果たしている役割の歴史的検証が求められます。たとえば、吉田久一は社会事業史学会の機関誌『社会事業史研究』三三号に掲載された「先輩からの助言（その二）」のなかで、

あまりに日本の戦後の社会福祉は、アメリカのイミテーションが多すぎる。今度の改訂（自著『日本社会事業の歴史』）では、世界史的な中で日本の社会事業をどう位置付けるかについて考えました。それから僕は絶えずね、社会福祉は社会科学でもあるけれど同時に実践でもあるというふうに指摘するでしょう。その場合に、近代以降よりもはるかに前の一五〇〇年の中では、実践に対するインパクトというのは大きいですよ。その輝ける実践、福祉の実践について知らん顔しているわけにもいかないです。むしろ、外国の人たちが注目してると。例えば、この本の中に出した一遍とかね、そういう人たちを明

らかにしなければ、一五〇〇年の、本当の日本の福祉史というものの真髄にふれたものが出てこないんじゃないかという感じがする。

と述べています。

そのような意味では、とりわけ近世以降、近現代を通じて日本の仏教教団・寺院・僧侶等が、その構造的特質（宗派仏教、寺檀制度等）の中で担ってきた福祉実践の諸相もまた日本的特質を解明するうえで重要な手がかりを与えてくれるものですし、これまでの学会会員等による研究の成果は、そのための基礎資料を積み上げてきたと言ってよいでしょう。加えて、今後の社会福祉のあり方を考える際に欠くことのできない、生命観、人間観、社会観、援助観、自立と共生等、価値や倫理の問題を含めて、これまでの議論（(1)を含む）は学会の知的共有財産であり、かつ貴重な成果でもあるので、その総合（体系化）と社会的発信がより必要となるでしょう。

(3) 仏教社会福祉の体系的理解に役立つ研究成果の刊行

先ほどの式典の中でも市川先生にお触れいただきましたが、本学会会員による著作や編纂物も少なくないのですが、上述の総合と発信を具現化した成果をここでは二つだけ上げておきましょう。一つは、学会の総力を結集して刊行をみた『仏教社会福祉辞典』（法蔵館、二〇〇六）

であり、二つ目はその姉妹編とも言うべき『仏教社会福祉入門』(法蔵館、二〇一四)でありま す。ことに前者は「仏教社会福祉」という学術的ジャンルの存在を学界に認知せしめる画期的な辞典であり、収録語句の解説に「仏教の教えと実践の視点」が織り込まれています。中垣昌美名誉会員他の尽瘁《じんすい》に敬意を表します。この二編は併用することが望ましく、主に仏教系大学・短期大学における社会福祉教育の中で利用されているようですが、その広がりを期待したいと思います。なお、この間、学会の東西で、それぞれ『仏教社会福祉入門』を利用したミニ研究会を開催して学び合っているところですが、今後の重要な課題の一つに、仏教系福祉施設など実践現場の関係者への浸透を図らねばならないことがあげられます。

(4) 仏教系大学における「仏教社会福祉」教育と教材開発への貢献

一九九〇年代以降、二〇一〇年ごろまでの間、四年制大学・短期大学にあっては、社会福祉系の学部・学科等を新設するところが急増し、この傾向は仏教系大学・短期大学にもみられ、二〇〇四年時点では二〇校を優に超えるところまできました。そして、そのうちの半数以上の学校で「仏教社会福祉」関連の授業科目が開設されています。しかし、当初は共通に参考となるようなテキストはもとより、シラバスに相当するものもなく、授業担当者がそれぞれ手さぐりしながら取り組むよりほかなかったのです。もっとも「仏教社会福祉」といったジャンルは、一九八〇年代までは、学問研究の対象であるか、もしくは仏教の社会的実践領域の一つと捉えられ、ほとんどの場合、大学の教育課程（カリキュラム）の中に明確に位置づけられる専門科目にまで至っていませんでしたから、やむを得ないことでしょう。なお、大学院研究科のケースは少し異なると思いますが、ここでは省略いたします。

さて、こうした教材の未開発による過度の属人的授業の状況を打開するために、まずは会員有志による参考書（例えば、原典仏教福祉編集委員会編『原典仏教福祉』一九九五）が刊行されるなどし、やがて学会の事業として、一般に入手困難となっていた初期の機関誌『日本仏教社会福祉学会年報』復刻版の刊行（二〇〇四）となり、上述の二〇〇六年の『仏教社会福祉辞典』、二〇一四年の『仏教社会福祉入門』に結実していくわけです。ここに、大学など高等教育機関を対象とした本学会の教育研究上の貢献を見届けることができるでしょう。

このように、学部（学士課程）教育の中に「仏教社会福祉」などと冠した科目が設置され、仏教系大学・短期大学における社会福祉専門教育に独自性や特色をもたらしたことは喜ぶべきことです。しかし残念なことに、ここ数年来社会福祉系学部・学科および大学院研究科の学生確保は至難を極めており、定員減や改組を余儀なくされているケースもないわけではありません。

以上が、いわば貢献もしくは学会としての一定の社会的な役割ということであげてみました。

二、宗教社会福祉の独自性をどこに求めるか
―キリスト教社会福祉をも視野に入れて―

私はキリスト教社会福祉を系統的に勉強しているわけではありません。ここで申し上げる通り、『日本キリスト教社会福祉の歴史』という書物に触れる機会を得て学んだことを考えて、仏教社会福祉に照らしながら述べさせていただきます。

わが学会に先駆けて昭和三五年（一九六〇）に結成された日本キリスト教社会福祉学会は、設立五〇周年を記念して、二〇一四年六月、『日本キリスト教社会福祉の歴史』（ミネルヴァ書房）と題する五〇〇頁にも及ぶ体系的かつ総合的な通史を上梓されました。縁あって本書の書評を依頼された私には、少々荷の重い役割ではありましたが、歴史の文脈の中で「キリスト教」を「仏教」に、あるいは「キリスト教社会福祉」を「仏教社会福祉」に置き換えてみた時どうなるのか、との問いの繰り返しは、私にとって大変意味深いものでありました。以下に述べることが、個々の関心事は除外して、本書を通して学び直した宗教社会福祉の独自

性なり固有性を問う手がかりとなれば幸いです。

（1）個人の内面の救いと福祉実践との関係

宗教は個人の内面の救いに関わるもので、社会的な救いとしての福祉実践は二義的なものである、といった議論がありますが、この点をキリスト教と仏教の歴史に照らしてみてみると、そこには宗教的な救いの条件に関して共通の転換点が見届けられるように思われます。たとえば、キリスト教の場合、中世にあっては、魂の救いの重要な条件として、懺悔《ざんげ》（告《こっ》解《かい》）・祈祷・施与《せよ》（慈善行為）・断食の四つの行為があげられ、そのうちの一つとして、貧者に対する施与（慈善行為）を考える風潮が強かったといいます。その後の宗教改革を指導したマルティン・ルター（一四八三〜一五四六）は、人はあくまでも神の恩寵により、ただそれを信ずるだけで救われるのであって、善い行い（慈善行為）をしたから、あるいは善き人間になったから、それゆえに救われるというのではない、ということを徹底的に立証したわけです。そして慈善の動機については、救われるためではなく、救われた結果としての感謝による愛の行為であるとされています。

一方、仏教の場合にあっても、ルターの宗教改革に先駆けること三〇〇〜四〇〇年前、法然（一一三三〜一二一二）をはじめとするいわゆる鎌倉新仏教が登場すると、宗教的な救いの条件は一変いたします。それまでは、さまざまな宗教的修行と共に、大乗菩薩道の実践徳目である六波羅蜜の第一、利他行としての布施であるとか、戒律、とりわけ大乗戒（＝三聚浄戒《さんじゅじょうかい》）における作《さ》（修《しゅ》）善《ぜん》などが勧められました。しかし、法然等の革新的な仏教の立場からは、善人であるかどうかとか、布施等の慈善行為によってではなく、ただ一つ選び択られた念仏もしくは禅もしくは題目といった純一の信仰によってのみ救われるのであり、法然の場合ですと、慈善行為は念仏の助業《じょごう》、すなわち念仏を唱えるための助けになる行為であるか否かが重要となってくるわけであります。

このように二つの宗教は個人の内面の救い、魂の救いの条件として、信仰と慈善を切り離し、そのうえで両者の不可分の関係を再構築している点に着目し、宗教社会福祉の望ましいあり方を考えて行きたいと思います。

（2）布教・伝道と福祉実践との関係

ここでは布教と伝道を基本的に同義と見て、それとの福祉実践との望ましい関係とはどのようなものかを考えてみたいと思います。この二者（両者）の関係を日本仏教の歴史的展開に即して見てまいりますと、巨視的には、近代社会事業の成立以前は、二者は分かちがたく結びついていたと言ってもよいのではないでしょうか。つまり布教・伝道の延長線上に福祉実践があり、福祉実践の延長線上に布教・伝道があるといった未分離のあり方です。それが一九二〇年前後の社会事業成立期以降になると、福祉実践は資本主義社会の構造が生み出す社会問題、社会事業問題とその社会的な解決といった制度的な枠組みの中で捉えられるようになり、二者の関係が改めて問われることになってまいります。

たとえば、一九一八年の長谷川良信の論文「布教対社会事業私見」（『長谷川良信全集』第一巻『社会事業とは何ぞや』所収）には、当時の宗教界の実情を踏まえて、二者の関係を方便説（布教は社会事業の方便、社会事業は布教の方便）、即一説（布教は一の社会事業、社会事業は一の布教）、対立説（布教は社会事業にあらず、社会事業は布教にあらず）の三つに整理して、前の二つの問題点を批判する一方、布教と社会事業それぞれの独尊的、第一義的価値を明らかにする対立説を最も進んだ思想であると支持しています。ただし二者が「孤立」してはならない、と付言している点にも注意しておかなければなりません。教団が社会事業に力を注ぐようになってくると、宗教の本質をめぐる議論の中で、教団（寺院・僧侶）が為すべきことは布教・伝道か社会事業か、といった論争と同時に、教団（仏教）の行う社会事業（仏教社会福祉）は、一般の社会事業と比べてどこがどう異質なのか、言い方を変えれば、仏教社会事業の、仏教的性格をどこに求めたらよいのかが問われてくるわけです。

このような発問はキリスト教社会福祉の場合とて同様です。詳細は省きますが、二者の関

係について、現在最も影響力のある考え方として知られるのは阿部志郎の見解です。先の長谷川の見解に対して、阿部は、

仏教者、長谷川良信の「セツルメントは宗教的であってはならない。しかし、宗教的態度を持たねばならない。別個であるが、両者は孤立してはならない。」の名言に私は共鳴する。(1)

と述べています。または別のところでは、「社会事業は宣教の手段ではないし、宣教は社会事業の手段でもない」といい、信仰が信仰そのものとして表現されずに濾過《ろか》されて社会的なものとされたことに、キリスト教倫理的意味があるとする。つまり、「伝道」の場としてではなく、「証し」の場として、信仰実践に移されたのがセツルメントである、と主張しています。「セツルメント」を社会福祉事業と置き換えて見ればよいのではないでしょうか。これを阿部は「信仰のパントマイム（無言劇）」といっております。実に味わうべき説示ではないでしょうか。

布教・伝道と福祉実践の二者の関係は、歴史的にみれば、前近代における未分離から近代における分離・分化へ、そして第二次大戦後の現代における二者の乖離《かいり》（信教の自由、政教分離下）が進むなかで、改めてその関係の問い直しが欠かせないと考えます。

（3）信仰（覚醒）運動と福祉の思想・実践との関係

宗教者の福祉実践は、基本的にその実践主体における信仰の発露であるところが重要です。もっとも、信仰の醸成がそのまま社会的な福祉実践に結び付くわけではありませんが、内面の覚醒はその人の価値観・倫理観に影響をもたらし、行動に駆り立てて行くものです。そこで日本仏教に即して考えてみますと、大乗仏教では、その行動原理を「自利利他」あるいは「自覚覚他」と教示していますが、その本領は「自利」と「利他」とが離れないということではないでしょうか。これは縁起の理法からして、こうしたあり方になろうかと思います。とすれば、個人の内面の救い（自利）が、それのみにとどまるのではなく、必然的にその個人を含むいわば社会の救い（利他）を要請するということになります。

このことは、仏教社会福祉なり宗教社会福祉が一定の拡がりを見せ、社会的な影響力を持つためには、何よりもまずその信仰、仏教信仰そのものの活性化あるいは覚醒を欠くことが出来ないということを意味します。過去の日本の歴史、古代から中世・近世・近代と眺めてきて、それに照らしてみても、信仰運動（ともいうべきもの）が高揚した時期には、一方で社会的に蔑視され差別された階層や人びと、そして生活上の困難に苦しむ、慈善や救済の対象とされるべき社会の底辺の人々を見逃さない仏教者が輩出していますし、福祉実践にも見るべき足跡が少なくなかったと考えられるからです。

キリスト教の場合で見ますと、一例ですが、世俗化した教会に対し、霊性の刷新を求め、個人の信仰の内面における改革を求めた人びとが登場してきます。なかでもメソジストを軸とする信仰覚醒運動では、福祉実践領域にあって顕著な活躍が見られ、社会福祉の歴史に名をとどめる人物が次々と現れてきます。ブリストル孤児院の創設者ジョン・ミューラー（一八〇五〜一八九八）、バーナード・ホームのトーマス・バーナード医師（一八四五〜一九〇五）、英国救世軍の創設者ウィリアム・ブース（一八二九〜一九一二）等があげられます。（メソジストは伝統的に社会的関心が高い。セツルメントについて先駆的役割が大きい。）かくして私たちには、信証としての「宗教社会福祉」独自の性格を明確にするためにも、歴史的な検証が待たれるところであります。

（4）戦前と戦後における教団と社会事業（社会福祉）との関係

大正中期以降昭和戦前期は、いわゆる仏教社会事業の全盛期と言っても過言ではありません。すでにこの方面の研究も進んでいますが、殊に先年の菊池正治・高石史人・中西直樹の三氏による『戦前期仏教社会事業資料集成』全一三巻（不二出版、二〇一一〜二〇一二）の刊行は、その実勢を物語っているといってもよいでしょう。私は嘗て、この時代を前後の時代には見られない官民挙げてのエネルギーを投入して、近代史上、「寺院社会事業」の時代を現出した、と論述したことがあります(2)。

これに対して戦後仏教（教団・寺院・僧侶）と社会事業（社会福祉）との関係はというと、社会福祉・社会保障の国家責任に基づく福祉国家路線が進む中で、社会福祉に対する仏教あるいは仏教教団の役割は終わった、もしくは限定的な役割でしかない、といった論調に傾き、「仏教社会事業」が後退してゆくなかで（本書一一〜一二頁記載の家永三郎説など）、改めてその存在理由や独自性が問われてまいります。なお、事業の歴史的展開については、長谷川を編者とする『戦後仏教社会福祉事業の歴史』および『同年表』（法蔵館、二〇〇七）を参照していただければ幸いです。

キリスト教社会福祉の場合もまた、戦後、苦難の時代を迎えます。ここでは日本基督教団と一九四九年結成のキリスト教社会事業同盟との緊張と和解を取りあげます。当時、教団は社会事業の世俗化（ここでは、社会事業は国家責任であり、キリスト教社会事業の時代は終わったとする）を、同盟は教団の社会事業への無関心を、互いに批判し合い、反発したといいます。その状況に変化を見せるのは一九六〇年代に入ってからで、一九六六年の日本キリスト教協議会（ＮＣＣ）総会で、「日本キリスト教教団社会活動基本方針」が決定され、初めて「ディアコニア（奉仕）」という概念が登場すると、

奉仕（ディアコニア）は教会のあらゆるわざの基本姿勢である。キリスト者の全生活と

行動は『貧しい者』への奉仕を離れては存在しない。『貧しい者』は、イエス・キリストを指し示しているからである。

と、教会は社会的責任を負い活動することを表明するに至り、両者の和解が成立します。また、措置制度化における行政の圧力に対抗するための神学的裏付けが実践主体にとって不可欠となり、その実践と理論との統合への願いがキリスト教社会福祉学会結成の要因の一つであったといいます。

改めて仏教教団の場合で考えてみますと、戦前期にあれだけ活況を呈し実績を残しながら、戦後、その批判的継承がなされてこなかった理由を、改めて検証しなければなりません。戦後一九四七、八年ごろから一九五〇年代前半にかけて、教団社会事業の再編と復興に向けた全国的な仏教社会事業協会あるいは連盟等の組織化の動きが見られたものの、実を結ぶに至りませんでした（本書一一九～一二〇頁参照）。キリスト教の場合のような、伝道と社会事業（実践現場）との緊張関係を欠いたまま、なし崩し的に教団社会事業は後退していったわけです。その理由を、政教分離、信教の自由、そして社会福祉の国家責任など制度的、かつ外在的な要因にのみ帰してしまうのではなく、たとえば、日本仏教のボランタリズムの脆弱性を反省すべきなのかもしれません。

私はキリスト教社会福祉を系統的に勉強しているわけではありません。ここで申し上げましたのは、極めて浅薄な私見にすぎないと申し上げていいかと思いますが、何かしらご参考になればと思います。

三、今後の研究課題

（1）仏教社会福祉の実践現場への浸透をはかる

昨日の理事会の折にも中垣名誉会員からこうしたお話もありましたが、私自身もかねて気になっている点であります。本学会の設立趣意書[3]によれば、

われわれは、仏教社会福祉の学術的研究を進めるとともに、社会福祉施設や社会福祉に関係づけられている多くのひとびとの経営や生活の中に、仏教的な在り方を究明し、把握し、さらに、これを実践的に普及、啓発して、姿ないし、状態そのものが仏教によって生かされてゆくように望みたいのである。

とあるのですが、その実、設立以来、研究者（仏教系大学）中心の組織であって、会員にソーシャルワーカー等の実践者はもちろん存在しますけれども、施設団体との交流や組織的連携は極めて弱いと言わざるを得ません。

こうした点は上述のキリスト教社会福祉学会の先例や「二一世紀キリスト教社会福祉実践

会議」の結成にも学びながら、仏教社会福祉の実践現場への浸透をはかる対策を講じ、地道に連携の努力を続けていきたいと思います。

（2）ソーシャルワークの世界定義をめぐる議論の展開を視野に、仏教をベースとしたアジア型ソーシャルワークの可能性を提起

先の設立趣意書の後段には、

人の幸福は社会的なものであると同時に、ひとびと個々の主観的なものであるからである。それゆえ、このような問題の解決には、われわれは従来の欧米的なものの脱皮から、さらに進んで東洋的なものへの躍進を期待し、とくに、東洋文化の精髄としての仏教の立場から、現時点に立って、もっとも相応しい社会福祉の充実をはかり、ひとびと個々の生き甲斐を感ずる幸福を願ってゆきたいものである。

と、「欧米的なものの脱皮から……東洋的なものへの躍進」と「東洋文化の精髄としての仏教の立場」を高らかに表明しているではありませんか。

さて、ソーシャルワークの世界定義を巡る議論を通して、西洋専門職ソーシャルワークに対して、異なる地域の歴史文化や精神風土を前提としたとき、たとえば、仏教をベースにした日本、そしてアジア型の社会福祉（「仏教ソーシャルワーク」）の可能性を提起することはでき

ないでしょうか。この課題については、昨年の第五〇回大会のテーマ「アジアのソーシャルワークにおける仏教の役割―共通基盤の構築に向けて―」に基づく石川到覚会員の基調講演ならびに東南アジアからお迎えした講師陣によるシンポジウムの反響もあって、学会に特別委員会を設置し研究していくことになっていますが、会員の協力とともにAPASWE（アジア太平洋ソーシャルワーク教育連盟）等の外部機関との緊密な協力関係が欠かせません。加えて、「他宗教との対話」も課題となってくるかと思います。[4]

（3）仏教（寺院）の公益性や社会貢献の視点から地域に根差した仏教社会福祉の可能性を探り、実践モデルの提案と事業サポートへ

近時、仏教（宗教）の社会貢献、あるいは寺院の公益性が問われるようになって、「仏教社会福祉」への関心も広がったとみる向きもないわけではありませんが、より広義の概念である「社会貢献」の中に埋没してしまってはなりません。そもそも仏教社会福祉の源流は、仏教の実践原理そのものに内在していると言っても過言ではなく、仏教と密接不可分の領域であり、「弱き者」「弱い立場」を見逃さない本領を、いかにして現代的な苦の現場で活かし得るか、実践団体や外部機関との連携をとりながら、実社会の生活ニーズに応える各種事例を収集し、具体的な提案を検討していくべきでしょう。

（4）大震災への対応から学ぶ今後に生かしうる提言と資料保存

このたびの熊本地震の被災地の皆さまに改めてお見舞いを申し上げます。さて、阪神・淡路大震災、東日本大震災の二つの大災害を契機として、本学会のスタンスと役割が問われましたが、前者の折には、自らの反省を込めて、その活動は表層の域にとどまった感が否めません。当時の仏教界、とりわけ伝統教団の対応と共通するところがあったかもしれません。しかし、その教訓を生かして、後者の場合、つまり東日本大震災の場合には、比較的早い段階から学会としての組織的な対応を決議し、特別委員会を立ち上げるなど積極的に動きました。全日本仏教会等との組織連携や被災地との協働、記録化や各種調査も行われ、すでに三つのアンケート調査の報告書を会員にお届けし、学会にふさわしい事業を継続的に進めて現在に至っております。この間得られた貴重な証言や調査報告の分析を通して、多大な犠牲を払った代償としての英知を抽出し、今後に生かし得る提言の策定と資料保存が当面の大きな研究課題です。

（5）半世紀に及ぶ諸成果からの学び直し―学説史の整理―

目下、五〇周年記念事業の一環として、仏教社会福祉に関する学説史的な整理（学説史と言うとやや限定的ですので、研究史と言ったほうがいいのかもしれませんが、）を行う研究計画が途上にあります。かつて、本学会発足時からの会員で、長く監事を務めるなど、学会をリードしてくださった西光義敞会員が、「日本仏教社会福祉学会の回顧と展望」（『年報』三〇号、一九九九年九月）と題して発表された内容は、今もって私たちが受け継ぎ、かつ深めていかなければならない課題に満ちています。例えばその中で、発足の「初期の守屋・森永対孝橋を中心とする仏教社会福祉本質論争は、本学会としても、初心に戻って学び直し、深めていくことを、本学会としても重要な課題の一つに加えるべきではないか」といい、「新鮮な議論の創造」を期待されています。半世紀に及ぶ諸成果からの学び直しが、今後における仏教社会福祉の、研究と教育と実践にそれぞれ示唆を与える学説史の研究となるよう目指してゆきたいと思います。

（6）植民地における仏教社会事業の検証

先に述べた通り、戦前期における仏教社会事業の研究は進んでいますが、その割に日本の研究者による植民地の仏教社会事業に関しては、未だ解明の余地は少なくないはずです。アジアの仏教社会福祉を考える場合に、私たちがしっかり向き合っておかなければならないテーマではないでしょうか。資料的な制約はありますが、先の『戦前期仏教社会事業資料集成』

および『仏教植民地布教史資料集成』（朝鮮編・台湾編）（中西直樹、三人社）の刊行により、研究条件は幾分よくなってきていると思います。これまでの研究成果から垣間見えてくるものには、植民地統治策の一環としての本質的な性格規定の問題と、具体的な事業の実績やその先駆性、それを支える仏教思想（仏教的性格）を切り離して捉えられるか否か。また切り離した場合、どのように評価するかなどの課題があげられます。さらに実践主体の思想・信仰、当事者との人間関係、葛藤や苦悩などを含めてよりきめ細かな検証が望まれます。

（7）仏教教団における宗派別社会福祉実践の特徴

アジアの国々の仏教（上座部仏教、大乗仏教）は、日本仏教のように細かく宗派に分化していません。むろんその国や民族、歴史的な経過や国情によって同じ仏教といっても差異や温度差があるのは当然でしょうが、日本仏教のように仏教の基礎・土台の上に各宗派の教義が立てられるという二重構造ではないはずです。

このような事情から、日本の仏教は各宗派を基礎単位とし、その宗派の教義・儀礼・組織・信仰が成り立っているので、「仏教社会福祉」の概念もそれを前提として定立されなければなりません。そして宗派別の社会福祉実践の特徴を、思想や信仰・担い手・事業や活動・組織・財源・地域性等の面から考察し、さらに宗派横断的な組織（国・県・市町村の仏教会など）による事業の性格や内容等についても明らかにしていく課題があげられます。アジアの上座部仏教の方のお話をお聞きするにつけ、このことを考えなければならないという思いに迫られるわけです。

（8）仏教社会福祉におけるスピリチュアリティ

仏教は、一般には仏の教えであると同時に、仏に成る教えであり、仏道の実践即ち、その人の人生に究極的な意味を与えることを眼目とします。釈尊に始まる仏教の出発点は、生・老・病・死の四苦からの解脱（救い）を目指すところにあったわけです。そしてその四苦それぞれのステージこそ、一人の人間にとって、医療と共に福祉的な援助が最も必要とされるのですが、いずれも第一義的には科学的な医療や社会福祉に依拠することになります。とすると、老いの悲哀、病の痛みや苦しみ（スピリチュアルペイン）、死を前にした怖れや不安といった場面を想定した時、科学で対応できるのは、老化の予防であったり、病気の治療であったり、延命であったりするにとどまります。大切な一人ひとりの生・老・病・死に、そしてその人生に意味と価値が与えられてこそ、その人の尊厳が確保されたと言えるのではないでしょうか。仏教社会福祉の実践にスピリチュアリティの視点が欠かせない理由でもあります。[3]

以上、八つ述べてまいりましたけれども、これは私が個人的な関心を含めて、学会としてもこうした方向を課題として模索していくとよいなというような勝手な判断によるところもあるかと思います。

おわりに

先ごろ（二〇一六年、平成二八）、神奈川県のある障害者福祉施設で、平穏な暮らしをされていた入所者の方々が突然襲われて、一九人の命が奪われ、他に入所者や職員計二六人など、重軽傷を負った方もいらっしゃいました。事件の詳細な解明はこれからですが、伝えられる容疑者の言動からうかがわれるのは、重度の障害者に対するあからさまな差別的人間観です。そして、その延長線上にあるのは、役に立つか否かといった命の選別です。この問題は、実は効率優先・生産至上かつ自分中心主義的な今日の社会がはらむ利己的な価値観、強者の論理と決して無縁ではないように思われます。

現代に生きる私たち一人ひとりの人間観や生命観が切実に問われているのではないでしょうか。強者の論理の圧力が高まる中で、弱き者の立場で寄り添う「衆生病むが故に我もまた病む」（『維摩経』）といった大乗仏教をベースとする仏教社会福祉実践の真価が問われます。

同時に、これからの日本の社会福祉、アジアの社会福祉、世界の社会福祉の進路に貢献する理念と実践を提起していく使命の達成に、本学会の皆さんとご一緒に少しでも取り組んでいくことができればと、このように思います。

大変雑駁な、大きな網をあちこちにかけたに過ぎないのですけれども、その中の一つからでも何か光が見えてくるといいなと、このように思います。どうもご静聴ありがとうございました。

註

（1）阿部志郎「キリスト教社会福祉―人間を真実に人間たらしめる―」（『キリスト教社会福祉学研究』四二号、二〇一〇）二一頁。
（2）拙稿「大正・昭和戦前期の寺院社会事業について」（『近代仏教』七号、二〇〇〇）。
（3）『日本佛教社会福祉学会年報』第一号（一九六九）所収。
（4）淑徳大学アジア仏教社会福祉学術交流センター刊『仏教〝ソーシャルワーク〟と西洋専門職ソーシャルワーク―次の一歩』、ベトナムとの共同研究報告書『ソーシャルワークにおける仏教の役割』他参照。
（5）E・R・カンダ他著、木原活信他監訳『ソーシャルワークにおけるスピリチュアリティとは何か』（ミネルヴァ書房、二〇一四）。

Ⅲ 「死」の福祉

この「Ⅲ　「死」の福祉」では、「生《しょう》死《じ》一如《いちにょ》」を説く仏教にふさわしい福祉の実践に関する論考や対談を収録した。特に、誰もが体験する生・老・病・死という四苦のなかの死についての福祉をテーマとしている。

まず最初に浄土宗系の「往生伝」に注目した。「往生伝」は念仏の信仰によって極楽往生を遂げた人びとの列伝であり、近世の往生伝は仏教（浄土教）による看病・看死の臨床記録としての一面をそなえ、人びとが「病とその果てにおとずれる臨終」をどのように受け止めていたかの、示唆に富んだ貴重な資料でもある。

次に取りあげた臨終行儀は、人生の最期（末期）である死の迎え方と、その看取り方の心得と作法のことである。浄土宗系の代表的な臨終行儀書・可円の『臨終用心』をもとに、現代に生かせる臨終行儀（看取り方と看取られ方）の参考例として検討し、さらに仏教の医療福祉としてターミナルケア（末期の見とり）などを取りあげ、「死」の福祉の現代的な提言を示した。

最後に二つの興味深い対談により、長寿社会の到来とともに顕在化してきた「孤独死」をめぐる諸相を、地域福祉の視点から掘り下げ、死生観などさまざまな問題点について議論を重ね、死と向き合う仏教福祉の実践、「死への福祉という視点」の重要性を検討したものである。

第一　往生人にみる福祉と仏教

「人は生きてきたようにしか死ねない」といわれることがあるが、往生伝《おうじょうでん》を読んでいると、じつにその感を深くする。つまり、平生の生き方、信仰のあり方が往生人の生死をとおして読者に訴えかけられているからであろう。

往生伝というと、一般によく知られているのは、平安時代に編まれた『日本往生極楽記』(慶滋保胤《よししげのやすたね》)をはじめとする古代の往生伝類だが、中世を経て近世江戸時代に至ると、浄土宗系を中心に数々の往生伝が編纂刊行された。ここで取り扱う往生伝は後者すなわち近世の往生伝である。

「往生伝」とは、念仏によって極楽に往生を遂げた人びとの伝記を列ねたもののことで、そこにわれわれは、念仏信仰に生きた近世日本人の生き方と死に方の理想像を見届けることができる。近世の浄土宗系往生伝としては、『緇白《しびゃく》往生伝』(了智)、『新聞顕験《しんもんけんけん》往生伝』(珂然)、『遂懐《すいかい》往生伝』(殊意)、『現証往生伝』(桂鳳《けいほう》)、『勢州緇素《しそ》往生験記』(大順)、『随聞《ずいもん》往生記』(関通）、『近世南紀念仏往生伝』・『近世念仏往生伝』・『近世淡海念仏往生伝』（隆円）、『専念往生伝』（日空）、『尾陽《びよう》往生伝』（大基）、『三河往生験記』（徳演）などが挙げられる。

　以下、往生伝にみる生死観の問題を、①生き方―人間的条件と宗教的条件、②病と臨終の受け止め方、③死に方―往生の相、の順で②を中心に考え、最後に往生人の事例を二件ほど紹介してみたい。

一、生き方―人間的条件と宗教的条件

往生伝の人びとの生き方を、まず人間的条件からみてみると、男女を問わず圧倒的に多いのは、いずれも仏典が求める「正直」「慈悲」「柔和」といった善人的条件をそなえていることとであり、これらに加えて時代が要求する倫理としての孝・忠・貞などを兼ねそなえることが理想的人間像として浮かび上がってくる。ちなみに『新聞顕験《しんもんけんけん》往生伝』下で妙祐信女は、

　およそ浄土の行者は慈心にして怒らず、質直《しちじき》にして偽らざらんことを要す。（中略）また曰く、行者もっともその心柔和にして我慢なからんことを要す。（原漢文）

と、はからずも往生を願求する者の人間的条件として、慈心・質直・柔和の三つを具備すべきだとし、『勢州緇素《しそ》往生験記』中の宗誉浄入法子は、

時々斎《とき》に田中氏に赴く、斎後男女を勧奨《かんしょう》して、曰く忠孝、曰く慈悲、曰く生業、曰く念仏、嘗《かつ》て先師に聞く所の話を以て、これを喩《さと》(した)。(原漢文)

といわれる。つまり彼は、封建倫理としての忠孝と、仏教の基本理念である慈悲の心と、家職に精励することと、念仏修行との四つを兼備するよう自ら有縁の男女に説き勧めているのである。

宗教的条件―信仰生活の面では、往生伝そのものが念仏に誘うための勧導書であったから、すべての往生人に念仏が必須とされたのは当然のことである。しかも、この念仏は多念(多数の念仏)すなわち日課念仏に力点をおいているところに、浄土宗往生伝の特徴があった。念仏をベースにしてほかにどのような仏行が併修されたかは、各往生伝の舞台となった地域や布教者の性格によって多少の違いはあるものの、そうした諸行は信仰の深化にともなって、「万行《まんぎょう》を廃捨」「万事を放下《ほうげ》」して「専修念仏の一行」に帰し、往生を遂げたと伝えられているのが一般的である。

このように近世往生伝の人びとの生き方は、仏典と幕藩体制が求める正直・慈悲・柔和および孝・忠・貞などの善人的条件と、浄土宗の教えにもとづく念仏の信仰という宗教的条件とを兼備したものであって、それはとりもなおさず、そうした理想の人間像が読者に求められていることを示すものでもあった(なお、往生伝には、わずかな例ではあるが、善人志向の悪人往生伝も載せていることをことわっておきたい）。

二、病と臨終の受け止め方

近世の往生伝はまた、仏教（法然浄土教）による看病・看死の臨床記録としての一面をもそなえている。したがって、「臨終行儀書」と併用することにより、当代の看取《みと》りのあり方（理想型）と実際をうかがうことのできる貴重な史（資）料である。ただしここでは、往生伝の人びとが「病とその果てにおとずれる臨終」をどのように受け止めていたかにしぼって検討してみることにしよう。

病、そして死に向かうプロセスは、人を痛苦と孤独の淵《ふち》に陥れるのがつねである。ところが、そこに信仰が介在すると状況は変わってくる。ホスピス・ケアの実践にかけて第一人者である柏木哲夫《かしわぎてつお》も、

信仰をもっている人の死は、概して安らかである。信仰をもっている人にも身体的な痛みや苦しみは同じようにやってくる。しかし、その痛み、苦しみに対する態度が変わってくる。（中略）信仰をもった患者に共通して見られる態度は、自分が生きているのではなく、神によって生かされているのであり、生きるも死ぬも、その絶対者にゆだねる

ということである。（『生と死を支える――ホスピス・ケアの実践――』）

と記しているほどである。

世に「闘病記」なるものは枚挙にいとまがないが、「病と闘う」といった表現の仕方は、宗教の信仰をもつ人の病の受け止め方を語るときにはふさわしくないのかもしれない。というのも、往生伝の人びとは病をどのように受け止めていたのか、伝記を読み進めていくうちに、われわれの通念がみごとに打ち砕かれていったからである。その辺の事情を往生伝の記述にうかがってみよう。

正庵信士は「心地例ナラズ、医薬効ナク気力稍《ヤヤ》衰ヘケレバ、必死ノ想ヒニ住セリ」、浄甫信士は「医療験ナク往生ノ期至ルヲ覚悟」、香円信士は「聊《イササカ》違例ノ気アリ、極楽往生ヲ急ケルガ、実ニ厭欣《エンゴン》ノ思ヒ顔色ニ現レテ見ヘタリ」（以上『現証往生伝』）とされ、真月法尼は「病痾を感じ療薬験を得ざれば往生の時節到来すと悦び」、智鏡大姉は「病を感じ療薬効験を見せざれば、みづから必死を覚悟」（以上『尾陽往生伝』）、智往法尼は「乳を煩ひ殊の外難渋《なんじゅう》す、療養を加へ服薬等心を尽すといへども、いよいよ快方無覚束、これを厭欣の勝縁と思ひ定め」、珠広信士は「発病しけるより、必死の覚悟を取究め」、教心信女は「流行の重き風邪に犯されたり、元より必死の覚悟なれば服薬を好まず」（以上『三河往生験記』）とある。

また恵雲信女は「一日病ノ床ニ寝、親族アツマツテ種種ニ治療ヲハカルトイヘドモ、針薬モ今ハ絶テ其効ナケレバ、偏ニ生者必滅ノ理ヲ覚悟シ、一向ニ厭離穢土欣求浄土ノ思ヲ成」、専西は「病床ニ臥、自兼テ必死ト覚悟シ、曾《カツ》テ延寿ノ法方ヲナサズ」、了円尼は「俄然トシテ持病ヲコリ病床ニツキ、療方手ヲツクセドモ験ナシ、尼ノ曰、於戯《アア》穢身ハ病ノ器、五蘊《ゴウン》ハ苦ノ本ナリ、是ヲ脱ステバ一時ニ放下スベシ、病患ハ出離《シュツリ》ノ知識、往生浄土ノ基趾ナリト」（以上『遂懐往生伝』）というものであった。

　ここでは、病がどのような段階に至ってからなのかは人によって異なるものの、「必死を覚悟」とあるように、死を避けるのではなく、つねに死と真摯《しんし》に向かい合う姿勢が共通に確認されるとともに、さらに進んで「往生の時節到来」「厭欣の勝縁」とのごとく、病が積極的かつ肯定的に受容されていることが知られよう。彼らにとっては「往生」こそ至上の価値なのである（服薬などの医療行為に否定的なのもそのため）。またこの点は「病患ハ出離ノ知識」（「知識」とは善知識ともいい、善き友、善き師のこと）とみえるように、病苦というものを自己の人生に反省の機会を与え、迷い煩いの世間から離れ、浄土往生へと向かわせる善き師にたとえていることからもうなずけるところである。

　以上のように病が前向きに受け止められるとき、「臨終」のありようが大事なこととなってくる。そこで次に「臨終に向けてのそなえ」について着目し例示してみよう。

たとえば妙本信女の場合は、死を覚悟すると、当地の「阿弥陀寺〈中興〉本誉竜閑上人ヲ請ジ、臨終ノ勧化ヲ蒙ブリ至心ニ念仏ス、……家内ヲ掃除シ臨終ノ道場ヲ料理玉ハレト、仍《ヨッ》テ室中塵ヲ払ヒ、西壁ニ西方三聖ノ画像ヲ掛ケ香華灯明ヲ営備セリ、信女喜ビ手ヅカラ髪ヲ結ヒ、沐浴シテ浄衣ヲ着シ道場ニ入リ、端坐《タンザ》合掌シテ高声念仏ス、……僧ヲ招キ助音念仏セシム」とあり、妙恵信女は「檀寺ノ上人ヲ招請シ、浄土ノ真訣ヲ乞ヒ受ク」、妙生信女は「先師雲洞老人ヲ請ジ、終焉《シュウエン》ノ知識ニ憑《タノ》ミ奉リ……臨終ノ道場ニ入レリ」（以上『現証往生伝』）。また道本禅門は「病床の室には当麻曼陀羅《たいままんだら》を掲げ香華を供養し、是を拝して念仏する事昼夜勇猛也、助音には以前京都泉谷におひて同行たりける道心深き僧を頼て介抱せしめ、時々建中寺丈室弁誉上人初蓮門の知識を請《しょう》じて十念をうけ、臨終用慎（心）の教誡を聴聞」（『尾陽往生伝』）し、了性信士は「臨終とも見えければ、隣家の孫七を善知識にたのみ」、巴陵居士は「既に（死が）近付ぬ、不退院和尚を請ずべし〈是は菩提所にはあらず、隣村懇意なる人故なり〉、直に臨終の座を用意すべし」（以上『三河往生験記』）といった具合である。

ここで注目しておきたいことの第一は、病→「必死の覚悟」→臨終のそなえ、における「善知識」の存在である。この場合の善知識は念仏を勧める師のことで、具体的には菩提寺の住職、懇意の上人、同信同行の仲間などにあたるが、信仰をともにする家族・親族がその立場に立つこともある。往生人の生死観を支え、念仏往生へと導く（助成する）善知識の存在は大きい。

第二は、「臨終の道場に入る」との表現に象徴されるごとく、臨終に際し、非日常的な時と場所の確保が重視されている点である。あえていえば、たんなる日常の延長線上に結果として「臨終」があるとみるのではなく、「臨終」の自覚がその人の人生の総決算のあり方を決めるのである。

第三は、それゆえに「臨終行儀」が大切となる。臨終行儀とは、人が死と向き合う人生最期のときの迎え方およびその看取《みと》りのあり方に一定の心得と作法を示したもののことである。この場合でいうならば、臨終の場（環境）が浄土宗の伝統的な設営作法にもとづいて確保され、善知識をはじめ縁者の「助音念仏」に励まされて念仏往生の素懐《そかい》が遂げられていくという筋立てである。

三、死に方――往生の相

これまでの叙述では意識的に言及を避けてきたことだが、じつは往生伝をもっとも特色づけているのは、臨終→死への過程で、往生人が体験する数々の好相・瑞相《ずいそう》（これらを「往生の相」と呼ぶことにする）である。以下に『現証往生伝』の場合を例として、往生の相につき考えてみよう。

本書はその名にふさわしく、じつに夥しい好相・奇瑞の描写につつまれているが、なかでも阿弥陀仏や聖衆の来迎をうけて往生を遂げている例が多いのは、浄土宗の往生伝に共通した、いわば理想的な死にざまだからであった（この点、平生業成、不来迎を説く真宗の場合と異なる）。なお臨終正念は来迎とセットになっていると解されるから、実際は記載されている以上に多いとみるのが妥当ではなかろうか。また死相が穏やかで笑みを含み、生きている人と変わらないようであったというのも往生の現証として諸書に描かれている。

夢中に仏菩薩を拝したとか、浄土の荘厳を感見したり、霊夢・祥夢、紫雲靉靆《しうんあいたい》、舎利《しゃり》出現、異香《いきょう》などが少なくないのも本書の特色と思われるが、とくに見逃せないのは、往生の時期を予知している例の多い点である。念仏の行者はみずからの死期を事前に察知し、臨終にそなえることができるということを暗に物語っているものであろう。

ところで、『近世念仏往生伝』の編者隆円は、「往生伝中の好相現瑞を見て、我も臨終にはかくあらん。他の耳目を驚かさんなど望みて、遂に末にはしり、名聞にながれて、本心をうしなふもの」の多い事実を、「往生伝をよむ一つの病」だと指摘している。

読者を含めて、往生を願う者の好相願望の病はなかなか根が深いといわねばならないが、好相の有無によってのみ往生の得否が決められるものでもない。隆円は「仏の本願は念仏なれば、となふる声に往生の得不を定むべし。その外はみな仏まかせなり」と、念仏以外を棚上げにし、「これこの瑞相は、念仏の行者おのずから感ずるところにして、さらにむさぶりて求むるものにはあらじ」と説くことを忘れなかった。

四、往生人像

摂津国《せっつのくに》桜井村の彦左衛門。その人となりは温良で慈仁の情が深く、五十六歳のとき剃髪して僧躰をなした。元禄五（一六九二）年の冬、難病に冒《おか》された彼は、

「ありがたい病を得たものだ。往生のときが来た」

と歓喜して勇猛に念仏した。娘たちはこの世での別れが近いことを感じ嘆き悲しむことしきりであったが、彦左衛門は、

「自分はこの世に思い残すことなど何もない。永いあいだ一大事と思ってきたのはこのときのことで、極楽往生にまさる喜びがあるだろうか。早かれ遅かれ遁れられぬのがこの一事である。もし転倒するなどして不自由な身になるようなことでもあれば、どんなにか悲しいことではないか。いま心乱れず念仏往生を遂げることこそ、お前たちにも共に喜んでほしい」

と言って聞かせた。

同年十二月五日の日没勤行の折には、妻の貞月ともどもに三尊の来迎を拝するなどの瑞相

あり、

「わが往生は九日の午の上刻だ」

と告げる。翌六日には、子や孫を呼び集めて、このたびの往生の疑いないこと、皆念仏に勤むべきことなどを伝え、さらに一〇名の同行衆（信仰の仲間）も招いて命終の日時を知らせ、助音念仏のことなどを頼み別れを告げた。七日、八日は沐浴剃髪《もくよくていはつ》し、浄衣着用。九日は約束の日ゆえ同行集会して助音念仏が営まれ、妻と長男および同行衆以外を道場に入れぬよう指示した。さてその命終は、高声念仏のあと三度鉦《しょう》を鳴らして頭を下げたまま、微笑みをたたえての稀有《けう》の往生であった。享年六十一歳。じつに元禄五年（一六九二）十二月九日午の上刻のことである（『現証往生伝』）。

和泉国《いずみのくに》堺の某の妻妙生。その人となりは貞節で、帰仏の志の篤い夫人。宝永七（一七一〇）年の夏、はからずも病の身となり、医薬を尽くすも効果はなく、やがて彼女は死を覚悟し、雲洞上人を招いて臨終の知識に頼んだ。そして最後の法要を上人に問い、これを聴聞すると、安心決定し往生の確信を得るようになった。そのゆえであろうか、亡くなる七日前、親類や幼子に至るまで、懇《ねんご》ろにこの世での永き訣《わか》れを述べ、浄土での再会を約したのち、「臨終の道場」に入った。

そこには雲洞上人および僧侶一人、看病人二人がいて妙生の称名を助けて念仏を唱え、それ以外の者を入れなかった。妙生が一心に死を待ち勇猛に念仏していると、いよいよ死が近づいてきたと思われるころ、どこからともなくひとすじの光明が道場内に美しく光りかがやいた。それはちょうど日輪の光明のごとくであって、妙生はその瑞光《ずいこう》を拝し歓喜すること限りなく、高声に念仏数千遍を唱え、たちまち顔に喜色を現し安らかに息を引きとった。享年二十九歳。宝永七年(一七一〇)四月二十二日のことであった(同上)。

第二　「死への智慧」を学ぶ

一、人生の総決算というべき末期《まつご》の問題

人はだれしも「よりよき生」を求めて生きている。しかし、その果てにやってくる死についてとなると、平素は意外と無頓着であり、かつ無防備ではないだろうか。

自分の人生の最期を、ただ成り行きにまかせればよいのではなく、主体的・自覚的に「かくありたい」という願いを持ちたいものである。長寿社会の到来は喜ぶべきことだが、見方を換えれば、それだけ死と向き合う時間がながくなるということでもある。

もっとも、医療や公衆衛生が未発達ななかで、災害や飢饉にみまわれることが多く、疫病が蔓延した近代以前の日本社会にとっては、かえって死は身近かなものであったし、仏教や儒教を通して人びとに死生観《しせいかん》というものが涵養《かんよう》せられていたことも見落としてはなるまい。

かくしてわれわれは、過去の先人が自他の病や死をどのように受けとめ、どのように対処してきたものか、その「死への智慧」に十分の注意を払い、そこから謙虚に学びとる姿勢を持つことも大切ではなかろうか。とりわけ人生の総決算というべき末期《まつご》の問題を考えようとする者にとって、仏教の「臨終行儀《ぎょうぎ》」はさまざまなヒントを与えてくれることであろう。

二、死の迎え方と看取りのあり方

臨終行儀とは、人が死と向き合う人生最期の時の迎え方、およびその看取りのあり方に一定の心得と作法を示したものである。わが国では古代以来、数々の臨終行儀関係書籍が伝えられ、ことに近世に至ると信者のあいだにも流布して、死を前にした病人や看取る者たちにさまざまな示唆や教訓を与えたのであった。ここでは、そうした臨終行儀を現代的視点に立って見直してみることにしたい。

はじめに病人の用心について考えてみよう。臨終行儀書が訴える病人の用心とは、つまるところ己の病をどのようなものとして受け入れるかであって、そこには徹底した死の準備学習の機会と捉える意識がうかがわれる。浄土教を例にとれば、良忠の『看病用心抄』では、かりに病気が軽いように見えても、人のいのちは無常であることを心に刻み、油断せぬことが求められ、看取る者も「この病にてはよも死なじ」などと思ってはならないし、病人に対しそのようなことを言い聞かせることもしてはいけないとする。むしろ、「ただこの病を往生の期とよろこびて、一心に死をまちて、来迎をのぞむ心地にすすめ」よと、死を避けるのではなく、つねに死と向かい合う覚悟が重視される。

しかし、ここで語られる「死」は肉体の死滅ではあってもすべての終わりではなく、死ないいのちの存在を前提としていることに注意しなければならない。慈空の『臨終節要』や可円の『臨終用心』には、ある人の言葉を引いて「死ぬと思ってはならぬ、ただ生まれると思え」といい、たとえば死とは、「きたない衣服を脱いで、美しい小袖に着替えるようなもの」と記されているほどである。この世での別れではあるが、また、先立たれた親兄弟、師友らと再会できる浄土への旅立ち（往生）でもあるわけである。同じく人生の終末を迎えるにしても、死後の世界を見立てるのと見立てないのとでは、死を前にした病人にとっての、心の安らぎと勇気と希望という点からも、大変な違いがあるのではなかろうか。

かりにそうした信仰を持たない人であっても、次のことは言えると思う。病を単に日常性の延長として受けとめるのではなしに、ころばぬ先の杖として、病人も家族も心の準備、身辺の整理などはしておきたいものである。

病の受け入れかたがこのようなものであるとすると、医療的な措置はいったいどのような

意味を持つことになるのだろうか。良忠は言う、

治療や灸をすえるなどのことは命をながらえるためのものではなく、ただ病苦を除いて念仏を唱えやすくするために必要ならば利用せよ。ただし、これもしいて求めるべきではない。なぜなら、およそ生ある者のこの世への執着は、わが身を愛し、命を惜しむ心にもとづくものだからだ。往生の妨げとなるのは、生を貪《むさぼ》り、死を恐れることが源となっている。

と。痛みは信仰の有無、人の善悪を問わない。念仏者であれば誰しも、称名念仏のうちに命終を遂げたい（＝正念往生）と願うわけだから、その障《さわ》りとなるような症状は医学的処置によって治癒ないし緩和してもらうべきである。決して延命を主眼とするのではないのだから。

なお、わが国の臨終行儀書に多大な影響を与えた伝善導作『臨終正念訣《しょうねんけつ》』には、すでに医薬を用いることの是非が問われている。答えは実に簡にして要を得ている。いわく、「薬はただよく病を医《いや》す、あによく命を医さんや、命もしつきなば、薬あにいかん」と。今日の医療の限界が指摘されるとき、しばしば耳にするのが、「医者は病気をみて、病人をみない」という言葉である。医・薬が適切に施されながらも、しかも人格を有する人間のいのちの「癒《いや》し」がことさら求められるのは、昔も今も変わりないはずである。

また『看病用心抄』は、いかなる重病にかかろうとも、いかなる横死・頓死であろうとも、

それは過去につくった業因によるものだからいたしかたない。しかしその場合でも、平生念仏の功徳によって、臨終にはかならず正念に住して往生を遂げることができる、というのである。われわれは畳の上で家族に見守られ安らかな死を迎えたいと願う。それゆえ、かりに事故や殺害による死と聞くと、死者も浮かばれないと考える。これに対して同書は、死の縁ははかりしれないが、ふだん念仏を唱えている人には仏の護念力が加わるので、正念往生疑いなしと答え、日々の信仰態度（念仏）を強調しているのである。

三、看病する側の五つの心得

次に看病する側の用心に目を転じてみよう。可円『臨終用心』によれば、その基本は「看病人は病人の心に背《そむ》くべからざる事」で、大慈悲の心をもって真実に看取るべきことが求められている。その上でここでは、古来伝承される「看病についての五つの掟《おきて》」を中心に、今日的状況にも照らしながら看取りの用心を考えてみたい。

第一は「不浄に処すとも厭《いと》わざれ」である。医療の発達めざましい今日では、昔にくらべ「不浄に処す」機会そのものが随分少なくなってきているように思う。しかしそれでもなお、病気の種類や症状によっては、病人の、悪臭を放ち、汚物にまみれたからだと向かい合うことを避けられない。あの光明皇后が千人の垢《あか》を摺《す》り取ることを誓い、乞食や病人を風呂に入れ、千人目には癩患者（ハンセン病者）の頼みを聞き入れて膿を吸ったという伝承が尊く思い偲ばれる。「不浄」は病人の意思とは関係なく生じる場合が少なくない。それだけにこの言葉の意味はきわめて重い。

第二は「毒を好まば諭《さと》すべし。なしといえば苦を生ず」である。ここでいう「毒」は食物にも薬にもあてはまるようだが、いまは毒薬の意味で考えてみよう。痛み（身体的）はそれが極度に達すると死をも厭わなくなる。末期ガンの激しい痛みはよく知られているが、最近ではモルヒネなどの鎮痛剤を定期的に投与して痛みを緩和できるようになってきている。とくにホスピスの働きでは痛みのコントロールが最重要視されているほどである。しかし昔は、毒をもって毒を制するようなもので、痛みの除去には劇薬を用いねばならなかったから、危険度も高く、患者の要求をそのまま受け入れるわけにはいかなかった。さりとて「なし」といえば、取り付く島もなく、患者の苦痛は増すばかりである。そこで患者の身になっての「諭し」や「心の癒し」が必要となってくる。

第三は「ただ三宝に帰せしむべし」である。「三宝」すなわち仏・法・僧に帰依せしむることをもって、仏教の看取りの基本的あり方として位置づけているが、一般にターミナルケアは、まず何よりも本人とその家族のニーズ（身体的・社会的・精神的・宗教的）に即して配慮がなされるべきである。したがって、宗教的配慮も必要に応じて可能となるようなケア・スタッフの配置が求められよう。ホスピス・ケアの実践にかけて第一人者である柏木哲夫は、自著の『生と死を支える』のなかで次のように述べている。

一般的にいって、信仰の有無は、人の死にざまに大きな影響を与える。信仰をもっている人の死は、概して安らかである。信仰をもっている人にも身体的な痛みや苦しみは同じようにやってくる。しかし、その痛み、苦しみに対する態度が変わってくる。痛み、苦しみに耐える力を与えて下さいと祈ることもできる。

また、こうも記している。

死を自覚した人は孤独である。患者は孤独のうちにこれまでの人生を見つめ直し、純粋な目で自分自身の存在を見つめる。人間の命のはかなさを自覚し、死の不安をなんとか克服しようともがく、このような患者には宗教的配慮が必要である。

信仰を持った患者に共通して見られる態度は、自分が生きているのではなく、神によって生かされているのであり、生きるも死ぬも、その絶対者にゆだねるということである。科学万能と思われる現代社会でも、信仰が末期患者の大きな心の支えになっている。

第四は「悪口すれども答えざれ、又捨て去る事なかれ」である。逃れられぬ死、日ごとに強まる疼痛、失うものの大きさ……。こうした恐れや苦悩を抱えて病人は苛立《いらだ》ち、怒り、悪口雑言を繰り返す。そのようなとき、看取る者には「直接ことばで応答するのでもなく、無視するのでもない」寛容な態度が大切だという。思いやりをもって、ひたすら「受容」に徹するのである。それを可能にするのは、先の第二の場合を含めて病人とのあいだに「共苦」の体験を持つからではなかろうか。

第五は「何程《いかほど》長病にても、退屈して死ねかしと思う事なかれ。思えば殺生罪になるなり。一生の告別《いとまごい》なり。随分大切にすべし」とある。この問題は、奇しくも今日的状況にあてはまることがらではなかろうか。既述のように、医療技術の著しい発達が寿命を延ばし、長寿社会をもたらしたことは喜ぶべきだが、反面、ながく病床に臥して、精神的活動も停止したままでの「延命」という事態をひきおこし、「クオリティ・オブ・ライフ」（生活〈命〉の質）とか、「尊厳死」の問題が改めて提起されていることにも注意を払わねばならない。ただ、看病する側の思惑や都合で病人を扱ってはならぬと警告しているのであって、尊厳死等の問題は、つねに病人の側に立つ論理であることを忘れてはならない。

以上、五つの掟について若干のコメントを試みたが、なお一つふれておきたい臨終の作法がある。宗派を超えて諸書に散見される「息合《いきあ》わせ」に関してである。病人に死がいよいよ間近かに迫ってきたとき、看取る者が病人の呼吸に合わせて念仏なり題目なりを唱える作法をいう。母親の胸に抱かれた乳呑み子は、その母の胸の鼓動――原体験的リズム――に大いなる安堵を感じ、すやすやと眠りにつくものだが、こうした脈搏や呼吸は生命現象を支える基礎的営みであるだけに、教学上の説明をしばらく措くとしても、この「息合わせ」は格別大切な作法ではあるまいか。

苦しみにもだえる激しい息づかいもあろうし、か細く微弱な息づかいもあるであろう。その病人の出る息・入る息に合わせて唱える念仏や題目を通して、人のいのちを支え、人のいのちを生きるという、最も根源的ないのちの共有が体験せられ、仏土での再会が誓われる。そして死にゆく人は、永遠のいのちの世界に摂取せられてゆくのである。かかる大事な作法の実践も在宅であれば可能だが、病院の場合にはなかなか困難な事情もあろう。それだけに、自分の死をいかに迎えるか、あらかじめ明確な意思を病院側に伝え、理解を得ておきたいものである。

関連してもう一つ付け加えておきたい。臨終行儀書に必ず記されている臨終時の場所や環境上の配慮（「臨終の道場」への移床をはじめ、そのしつらいや作法など）に関してである。詳細は省くが、これらはいずれも死を自覚的に迎える上で重要な意味を持つものと考えられる。今日にあっては、家庭における仏壇を中心とした日常生活に基礎をおきつつ、あらためて病床の環境を整えることであろう。この場合も病院であれば種々の制約がともなう。そこで略式ではあっても、せめて枕元にご本尊の写真を置くなどして、臨終を迎える人の心がみな仏の方に向かうよう心掛けたいものである。

四、看取る者と看取られる者

これまで述べてきたところと重なる点もあろうが、ここで改めて病人と看病人、看取る者と看取られる者との間柄はいかにあるべきかを整理してみよう。

多くの臨終行儀書には、看取る者は「善知識たれ」と記されている。善知識とは、良き友、真の友、良き師を意味する。したがって、看取る者はつねに病人にとって何が最も必要とされているかを考え、親切に対処すべきだとする。病人各自の価値観や死生観が問われるゆえんもここにある。とくに宗教的配慮を前提とするときには、病人の信仰を尊重するのはいうまでもないことだが、できれば看取る者は同じ信仰の持ち主であることが望ましい。そのためにも生前に菩提寺の住職なり、同信同行の心を許せる人物を善知識と定め（もちろん家族の中から善知識を定めることもある）、十分話し合って意思の疎通をはかり、家族にもその旨を伝えておくべきである。

『看病用心抄』には、「病者は知識におきて、仏の思いをなし、知識は病者におきて一子の慈悲をたるべし」とみえ、病人は看病人（善知識）に対して仏を拝するのと同じような思いをなし、看病人もまた病人に対して慈悲の心をもって、わが子に接するようにせよとしている。総じて、いかに両者のあいだの信頼関係が重視されていたか察せられるというものである。「独来独去」（無量寿経）と言われるように、死は元来孤独なものである。それだけに死を迎える不安や恐怖は察するに難くない。このようなとき、信仰や考え方・価値観を同じくする家族や仲間が身近かにいてくれたならどんなにか心強かろう。

古来わが国では、同信同行といった信仰を同じくする仲間同志でグループをつくり、一つの規約を定めてメンバー相互の看取りが行われていたのである。そのルーツは十世紀末に念仏の同志二十五人で組織された比叡山横川の「二十五三昧会」といわれるが、こうした同志的結合による看取りの互助組織は、時代がずっと下った近世においても講組織のような形態をとって各地に受け継がれていた。そこでは、今日叫ばれているような「死の準備教育」や看取りの学習が日常的に営まれていたわけである。その現代版が、僧俗仏教者の創意工夫によって次々と誕生してきたとき、仏教は必ず社会の信頼を取り戻すであろう。

第三　仏教の医療福祉

はじめに

医療・看護・福祉の実践領域は、近代科学の洗礼を受けるまでの間、ながく宗教（活動）と分かちがたく結合して歩んできた歴史がある。しかし、その後の医療等の科学技術化、専門分化の進展は、宗教ないし宗教的なるものからの脱皮を成功させたが、反面、行き過ぎた世俗化の進行が、いのちの物質化、私有化、総じていのちの相対化の危機をもたらした。生命倫理が問われる所以である。人間の尊厳を問い、生きる意味や生きがいを見出させる宗教の意義と役割が改めて見直されるべきであろう。

さて、医療福祉をここでは病者に対する医療・看護・福祉の実践ととらえて宗教とのかかわりを考えてみよう。大きく三つの問題をとりあげる。

一、宗教と医療福祉活動

一つ目は、歴史に見る宗教と医療福祉活動のかかわりである。たとえば、釈尊の出家の動機としてよく知られているのは、人生における生・老・病・死の四苦からの解脱(1)だが、実はこの四つのステージには医療・看護や福祉的な援助が欠かせない。そう思うと、人がよりよく生きてゆくうえで、宗教と福祉や医療は直接的にまたは間接的に深いところでかかわっていることが知られよう。

聖徳太子（五七四〜六二二）はわが国福祉事業の始祖的な地位を占め、ことに大阪の四天王寺における四箇院《しかいん》（敬田《きょうでん》・施薬・悲田・療病）(2)創建の伝承は有名である。本院は仏教をベースとした医療・福祉の総合施設であって、太子の創建には史実として疑問があるものの、その伝承が後世の医療・福祉事業に与えた影響力は多大である。四箇院がそうであったように、仏教の福田《ふくでん》思想(3)に基づく医療・福祉活動は、古来今日に至るまで仏教者の間に受け継がれてきている。

医療と福祉の連携による援助活動として、中世を代表するのは叡尊《えいぞん》（一二〇一〜一二九〇）・忍性《にんしょう》（一二一七〜一三〇三）の師弟によるもので、土木・医療・救護・動物愛護・非人救済など頗る多方面に及ぶ。なかでも奈良の「北山十八間戸」や鎌倉極楽寺のハンセン病患者療養施設は有名である。彼らの活動の主体的な契機は、戒律による利他の精神と文殊信仰にあるといってよい。ことに後者は、「仏説文殊師利般涅槃経」に基づくもので、貧窮・孤独の非人・病者を文殊菩薩の化身とみなして奉仕することが、そのまま文殊菩薩を供養することに通じるとする信仰である。菩薩に仕えるがごとく貧窮病者に仕えるという、このような対象者観（人間観）と援助観には、菩薩を神（神の似姿）に置き換えたとき、宗教の違いを超えてキリスト教などにも一脈通じるものがあるように思われる。

宗教と医療・看護・福祉のかかわりは、むろんキリスト教の歴史においても深くかつ広いものがある。一例をあげれば、よく知られるように、ホスピスは中世ヨーロッパの修道院にあって、疲れた巡礼者や貧病人を収容看護していた施設を原型とする。またわが国における一六世紀後半のイエズス会の日本伝道では、キリスト教の布教と医療・福祉などの事業が一体となって行われた。外科医でもあった会士ルイス・アルメイダ（一五二五～一五八三）は西洋医学を初めて日本に伝えるとともに、その医療福祉活動は高く評価されている。幕末から明治にかけてはキリスト教宣教師らによる医療伝道が盛んとなり、なかでもヘボン（一八一五～一九一一）の名はよく知られている。

中西直樹によれば、近代以降、仏教者が医療救護の面で果たしてきた役割は、従来考えられている以上に大きなもので、最初の資本主義恐慌が起こった一八九〇年ごろから次第に活発化し、医療サービスの量・質とともに充実して、今日の医療ソーシャルワーカー（ＭＳＷ）に近い内容の事業へと発展する事例もあったという。しかし、キリスト教に比して、戦中・戦後、その活動は急速に衰退していったようである。(4)

二、死への医療福祉と、仏教の臨終行儀

二つ目は、死への医療福祉として、ターミナルケア（末期の看取り）の問題を仏教の視点からとりあげてみよう。仏教は日本人の精神生活や日本の文化に多大な影響を及ぼしてきたからである。人間の生と死の深淵にかかわるターミナルケアのような古くて新しい課題に取り組む際には、まず何よりも自国の風土と歴史が生み育ててきた文化に学ぶべきだと思うからである。そこで注目したいのが仏教の「臨終行儀」である。それは仏教の生死観に基づいて、人が死と向き合う人生最期の時の迎え方およびその看取りのあり方に一定の心得と作法を示したものである。

わが国では古代以来、数々の臨終行儀関係書(5)が伝えられ、ことに江戸時代に至ると信者の間にも流布して、死を前にした病人や看取る者たちにさまざまな示唆や教訓を与えたのであ

った。またその実践編ともいうべきものが、浄土教でいえば各種の「往生伝」（念仏によって往生を遂げた人々の列伝）の存在であろう。では現代的視点にたって、臨終行儀書から何を学ぶか考えてみたい。

数ある臨終行儀書のなかから、可円の「臨終用心」（一七八〇）を例に引く。本書は全一三ヵ条から構成され、そのうち一〇ヵ条が看病人にかかわる内容で、三ヵ条が病人の用心について述べられている。ここでは看病の基本を記した第一条に着目する。まず「看病人は病人の心に背くべからざる事」と、大慈悲の心をもって真実に看取るべきことが説かれる。その際心得おくべきことが「看病の五法」で、今日のターミナルケアにも通じるものがある。以下は原文を引くが、カッコ内は筆者のコメントである。

一つには不浄に処すとも厭《いと》はざれ（「不浄」は病人の意思とは関係なく生じる）。二つには毒を好まば諭すべし、なしと言えば苦を生ず（患者の身になっての「諭し」や「心の癒し」）。三つにはただ三宝《さんぽう》に帰せしむべし（宗教的ニードへの配慮）、四つには悪口すとも答へざれ、又すて去る事なかれ（受容と共苦の看取り）。五つには何程長病にても、退屈して早く死ねかしとおもふ事なかれ。思へば殺生罪になるなり。一生の告別《いとまごい》なり、随分大切にすべし（どこまでも人間の尊厳を大切に）。

上記には、看取る者と看取られる者との関係性がいかに重要であるかといった、仏教のケア観が示されていると同時に、病者を信仰によって支える看取りのあり方がうかがわれよう。キリスト教を背景にもつホスピスに対して、仏教のほうでは一九八五年、田宮仁によってビハーラが提唱された。(6) これを期に仏教者によるターミナルケア活動も少しずつ広がりを見せはじめ、それがまた釈尊を含めて、先述のように仏教の歴史のなかに医療や看護・福祉の源流を探求させる契機ともなった。

他方、先ごろ、茨城県稲敷市にある「みやざきホスピタル」の宮崎幸枝医師が、病院でのビハーラの実践の記録を中心に一書を出版された。題名はズバリ『お浄土があってよかったね―医者は坊主でもあれ―』というもので、本文中には重症室での患者との話のやりとりが記されている。たとえば、患者の不安と苦痛の叫びを受け止めて、

「Tさん、お念仏はね、仏さまが〈わたしを頼りにしておくれ。必ずお浄土にあなたを迎えてお悟りの仏さまにするよ〉という仏さまのお声なのよ。お浄土があるよ、仏さまと一緒にいるのだよ、と。今、仏さまはTさんをだっこしてくださっているのよ。心配ないのよ」

「うん」

「お浄土があってよかったね。私もTさんの後から必ず往《い》くからね。お念仏しましょう」

そう言い終わったとき、突然、Tさんの眉間のしわが消え、満面の笑みがあらわれたという。(7) 死がすべての終わりではないという死生観、浄土の実在、仏のふところに抱かれている

安心、医師もまた後から往くという共感、こうした宗教的ケアが末期患者の大きな心の支えとなったよい事例である。

三、死との向き合いと、スピリチュアルケア

三つ目は、スピリチュアルケアについてである。近年、宗教とも共通するところは少なくないが――日本に比べて欧米のキリスト教文化圏は宗教との重なりが大きいとみられている――、特定の宗教や信仰の有無にかかわりなく、人間の存在の意味や目的、生きる価値、超越的なものとの関係、死後の世界などを求めるスピリチュアリティへの関心が高まっている。一九九八年（平成一〇）、世界保健機関（ＷＨＯ）は健康に関する現行の定義、「肉体的、精神的及び社会的に完全に幸福な状態」に対して、「肉体的、精神的、スピリチュアル及び完全に幸福なダイナミックな状態」と、スピリチュアルとダイナミックを加えた改正案を執行理事会に提出し認められたが、翌年の総会では採択されなかった。[8] とはいえ、そのときの議論が引き金となって以来、医療・看護・福祉の領域でもスピリチュアリティやスピリチュアルケアへの注目度は高く、短期間のうちに多数の類書を生んでいる。[9]

現代日本人の場合、制度化、組織化、儀礼化された宗教への抵抗感が強く、かつ特定の宗

教の信仰を持つ人が少ないせいなのか、医療や福祉の現場では宗教系の病院や施設を除いて、利用者の宗教的ニーズへの配慮はほとんどなされていないに等しい。同じ東アジアでも韓国や台湾の病院には、公営であってもキリスト教のチャペルや仏教の仏堂など祈りの場が設けられている。病院や施設であれ、在宅であれ、一人の人間が老・病・死と向き合う大切な場面で、その人の宗教的ないしスピリチュアルなニーズ（ペイン）に無関心であっていいはずはない。宗教者との協働を含めて、どのようにケアに結び付け、利用者のＱＯＬ（クオリティ・オブ・ライフ＝生活の質）を高められるか。今後の課題は少なくない。

（注・引用文献・参考文献）

（1）「解脱」について、仏教では煩悩（身心を乱し悩ませ、正しい判断をさまたげる心のはたらき）から解放されて自由な心境となることをいう（岩波・仏教辞典）。

（2）四箇院のうち、敬田院は仏道修行の宗教施設、施薬院は薬草の栽培と薬を開発する施設、悲田院は身寄りのない子どもや老人・貧窮者の救護施設、療病院は貧病人の医療施設、と見られている。

（3）福田とは、善き行為の種子を蒔いて功徳の収穫を得る田地という意味。仏教徒の社会的実践の基本として展開した（岩波・仏教辞典）。初期には釈尊が福田の対象であったが、四箇院の例のように時代とともにその対象も広がっていった。「看病福田」はよく知られている。

（4）中西直樹『仏教と医療・福祉の近代史』（法藏館、二〇〇四）九頁。

（5）長谷川匡俊ほか編『臨終行儀―日本的ターミナル・ケアの原点―』（北辰堂、一九九三）一一四六三頁。

（6）サンスクリット語のビハーラには「休養の場所、気晴らしをすること、僧院または寺院」などの意味があり、田宮氏によって仏教を背景としたターミナルケア施設の呼称として広められた（田宮仁『「ビハーラ」の提唱と展開』参照）。

（7）宮崎幸枝『お浄土があってよかったね―医者は坊主でもあれ―』（樹心社、二〇〇八）一三～一四頁。

（8）湯浅泰雄監『スピリチュアリティの現在―宗教・倫理・心理の観点―』（人文書院、二〇〇三）一四四～一五五頁。

（9）特に参考にした文献として、木原活信『対人援助の福祉エートス―ソーシャルワークの原理とスピリチュアリティ―』（ミネルヴァ書房、二〇〇三）。窪寺俊之『スピリチュアルケア学序説』（三輪書店、二〇〇四）。大下大圓『癒し癒されるスピリチュアルケア―医療・福祉・教育に活かす仏教の心―』（医学書院、二〇〇五）。深谷美枝・柴田実『福祉・介護におけるスピリチュアルケア―その考え方と方法―』（中央法規、二〇〇八）をあげておきたい。

第四　対談「自分一人のために」

淑徳大学学長浄土宗大巌寺住職　長谷川匡《まさ》俊《とし》
仏教振興財団理事長　早川　進
司会　本間皓司

一、生老病死と福祉問題

――長谷川匡俊先生は仏教福祉問題を専門にされておられ、世間でも現在、福祉ということが殊更のように重要視されています。仏教では「生老病死」を人生の一大事として考え、心身両面にわたっての人の幸せを考えていますが、福祉問題もこの生老病死の範疇に入っていると思います。しかし、今の福祉は老人はお小遣いを貰い、心身に障害のある人のための社会的な整備をするということで、大変にお金のかかる事のように考えていますが、本当の福祉の意義、仏教的な福祉とは何かというところからお話を伺いたいと存じます。

早川　今日は生老病死と福祉、また福祉の対象者である高齢者の生き方についてお話を伺いますが、仏教の教えの根本は「如何によく生きるか」ということでしょう。それに関連して、高齢者がどのように生き、自分自身も社会福祉にどう貢献出来るのかを考える事が大事だと思います。歴史上、古代から平安末、鎌倉時代への転換期に騒乱、災害、疾《しっ》病《びょう》による人々の苦しみを救うため、従前の仏教に代わって新しい仏教が起き、長谷川先生の浄土宗の開祖法然上人も、その大きな転換期に出られた人物の一人であり、誰もが平等に救われるのだという選択本願念仏を説かれた。

二一世紀に入った今日、日本人の心からは哲学、宗教が失われ、歴史始まって以来の危機だと言っても過言ではない。それに対して現代の仏教がもっと真剣にならなければいけない。また世間では政治が、官僚が、教育が悪いと言うが、悪いのはそのような社会にしてしまったことに対し、他を責めるばかりで、自らの責任に気づかない私たち自身、それも若者よりも高齢者に責任がある。確かに戦争というつらい体験をし、戦後の復興を成し遂げ、本当に体を張って生きてきた人たちですが、その人たちがまた現在の社会を築いてきた。こんな時代だからこそ、仏教の慈悲の心、寛容の心が大事になっている。そんな観点からお話を伺いたいと存じます。

長谷川　社会福祉の問題でいうと、高齢者はどちらかというとケアをされる側、福祉の利用者、対象者であり、そういう面から政策、対策が論じられているのが現状です。

現在の福祉、これからの福祉は貧しい人や一人暮らしの老人といった特定の人をターゲットにするものではなく、むしろすべての国民が福祉の利用者、対象者であると同時に、その担い手であるということから、高齢者も福祉の利用者としてだけではなく、一方では担い手として大いに活動してもらうということが、生涯学習という観点からも期待されています。目下のところ高齢者福祉で介護保険にしても、身体的な介助、家事の援助だとかいうケア、つまり形に見え量として計算出来るケアが問題になっていますが、私は、早川さんが言われたような意味も含め、特に心のケアが必要であり、仏教が福祉に関わるとすれば、そういう点に力を入れるべきだし、社会的にも期待をされていると考えています。

二、病《やまい》は善知識なり

――高齢者の、配偶者との別れ、家族からの孤立、孤独の不安、死後への不安や恐怖という心の問題は、身体的な不安以上に切実であり、若年者には想像もつかないことで「老病死」ということが目の前に近づけば、余計に心の問題が大きくのしかかってきますね。

長谷川 そこにこそ仏教の出番があるのではないでしょうか。私も寺の住職で、一カ月に一度「一処《いっしょ》の会」という集まりを持ち、ご高齢の方たちが二〇名ほど来られ、一緒にお勤めをし、法話や座談会のようなことをしております。そんな時、

「自分の臨終とか、死後のことなどを、ご家族にお話しすることがありますか」

と聞きますと、ほとんどの人は、

「とんでもない、そんなことを言ったら、縁起でもないからやめてくれ」

と言われますよ（笑）、とお答えになります。

しかし、そういう臨終や死後のこと、それに関連する老齢による心の不安ということなどを、ご家族と一緒に話し合えるという雰囲気をつくることが、やがて老いを迎える若い人たちにとっても、自分自身の問題として大切であり、人生の先輩である老人の存在理由ということについても、お互いに理解を深めることになるのではないかと思うのです。

早川 福祉という問題も含めて、家族の在り方が問われますね。長谷川先生の書かれたものを読み、なるほどなと感じたのは、ご自身が病気になり手術をされた時、初めて俗事を

忘れ、真剣にご自分の人生や心の内面的なことを考えさせられた。しかし少し快くなると、今度は仕事や俗世間のしがらみが気になって仕方がなかったということを反省され、「病は善知識」ということを言われていますが、それが私たち人間の在《あ》り様《よう》なんですね。

高齢者にとっては齢を重ねたということが善知識であり、その上に仏教の教えを聞いて、真剣に生死の問題を考えるということが最大の善知識で、自分の身の周りを気をつけて見れば、善知識は数多く居るし、あるということですね。

長谷川　その通りです。特に高齢者は早川さんが言われるように、自分自身の経験を通して数多くのことを学び、身に付け、それを今度は自分が善知識となって、さまざまなことを伝えて行く責任がありますね。

三、生の連続と死への準備

――今までの日本は、家族制度の中で老人問題、介護の問題を解決していたのが、戦後の家族制度の崩壊で、それが社会全体の問題として解決しなくてはならなくなり、それはそれで世の中の趨勢、社会情勢の変化として仕方のないことですが、一方では核家族化で、子供たちが同じ家の中で高齢者の姿、その結果としての人の死、つまり生老病死を日常生活の中で自然に実体験することも無い。それで若い人たちにいきなり生老病死のことを言ったって通じないのは当然ですね。

早川 生きているからこそ年をとるし、病気にもなる。そういうことから説明してやれば判るのではないでしょうか……。お釈迦さまが人の一生とは何かを質問したとき、生まれてから死ぬまでだという常識的な答えばかりの中で、ある弟子が一呼吸の間だと答え、釈尊は、その通りだと言われた。その一瞬々々が重なって私たちは生きている。そう説明すれば生きていることの意義が誰にでも判る。

長谷川 確かに一瞬々々を大切にする生き方が、仏教の説く人の生き方の大切なところだと思います。それと福祉的な発想なり実践なりが本当に身に備わるには、日々の生活の在り方が大切です。それだけに家庭における親の果たす役割というものは大きいし、社会の責任としても、これから親になって行く若い世代に対し、日常の生活に即した形での死を含めた人生についての宗教的、哲学的な教育や学習が必要ですね。

欧米の場合、公教育の場で小学校の頃から死への準備教育が行われ、身近なペットの飼育などを通して生きることの意義や、それらの死を通して「いのち」を考える教育がなされているといいます。

これは放っといて自然に出来るということではありませんし、もっと意図的に教育をしなければいけないし、必要なことですね。

――ただ、それには多少なりとも宗教的なものも含めて教えられなければなりませんが、現在の日本の公教育では難しいことですね。

長谷川　私どもの学校は幸いにして大乗仏教を理念として設立されている学園ですから、幼稚園から大学までカリキュラムの中に宗教的要素を組み込んで、行事や授業を通して、単なる知識としてだけではなく、感性、霊性に訴えるようなことも含めて教育をしていますが、それでもまだ十分とはいえません。

早川　生徒・学生たちの反応は如何《いかが》ですか。

長谷川　大学での私の授業でいいますと、受講後にリアクション・ペーパーの提出を求め感想文などを書かせています。それらを見ると「今まで聞いたことも考えたこともない。ただ言われてみれば納得することだ」というような反応が意外に多いですね。ですから、彼らが知らなかったのは彼らが悪いのではなくて、そういうことに気づいたり、考えたりする環境が周りになかったということです。

これこそ、何も教えてこなかった私たち大人の責任であり、社会の責任です。

――教えられなければ知らないのは当然で、そこに意図的、積極的に仏教の側から行動しなければならない点がありますね。

早川　死の問題も、結局はどう生きるかという問題になるわけです。また生物学的にはどのような生物のＤＮＡも同じだが、そこに書き込まれている情報によって人間になり、おたまじゃくしになる。そしてＤＮＡによって各個体が継続して行くのだと説かれる。

仏教では一輪の花も木の葉があるから咲き、葉は枝があるから茂り、枝は幹から、幹は根から養分を吸い上げ、根は大地から養分を得、大地は天から降る雨によって潤い、雨は地球の賜物であり、太陽があるから地球は生き、太陽は宇宙の法則に則って巡るというように、一輪の花も宇宙そのものの命なのだと説いており、仏教の教えも現代科学の説くところも一致するように思います。

私たちの若い頃は、理屈は知らなくとも、年寄りと一緒に生活していたり、年中行事や仏壇に毎日手を合わせることなどを通し、命の連続ということを、知らず知らずのうちに身につけてきました。

長谷川　命の連続性というものは、今のお話のように時間、空間を超えてつながり、そのひと繋がりの命という感覚が、現代人、とりわけ若い世代にはなかなか認識されていません。そういうことを日常生活に則して、どのように若い人たちに説明し、実感させるか。

そのためにはボランティア活動や体験学習が欠かせません。若い人たちは理屈や知識としては持っていても実体験がないんです。

四、福祉国家と福祉社会

――福祉といっても何も特別なことでなく、手近なところから出来るのでしょうね……。

長谷川　基本的には、誰もがその気になりさえすれば出来ることがあり、その上にさらに専門的なものが加わっている。ですから人がより良く生きるとはどういうことなのか、といった基本を無視して、いきなり専門的なことだけをやろうとしても、これは根無し草のようなもので、国民的に根づいた福祉になりません。本当に根づかせるには、誰にでもその気になればボランティア的に出来ることから進めることも大事です。その上で専門的なところに進んで行く。

それともう一つは、民間的な自助、共助に加え、公的なセーフティー・ネットがなければなりません。社会福祉の政策論のなかに福祉国家という考え方と、福祉社会という考え方があります。日本は戦後、まず福祉国家を目指しましたが、これはイギリスのような「揺り籠から墓場まで」という社会保障の完備した福祉国家を目指して進んで来た。

その間に、社会経済情勢の変化に伴い福祉の見直しが繰り返され、今度は福祉社会ということが強く言われ出した。そうすると、まだ福祉国家の枠組みがしっかりと構築されていない中で、相互扶助的な人間社会の善意にゆだねる福祉社会というイメージばかりが先行するという矛盾があり、これは一方では危険なことだろうと思います。

――人様の好意、善意に任せるには負担が大きすぎる場合もありましょうね……。

長谷川　ちょっと乱暴な言い方ですが、福祉国家は極端に言えば「性悪説」に立ち、福祉社会は「性善説」に立脚しているとも言えます。ですから性善説による福祉社会を目指すことは良いことではありますが、やはり生身《なまみ》の人間が社会を構成している中で、人生八〇年を送ることは容易ではありません。

　ですからその中で、一方ではセーフティ・ネットをしっかりと構築する福祉国家が求められるわけです。

――土台にしっかりとした福祉国家が構築され、その上に人々の善意による福祉社会が広がれば理想的ですね。

長谷川　そこのところを求めて行かないと、せっかくの人々の自発的な行為も無駄になってしまいます。そしてこの後者の、人びとのボランタリーな実践に仏教が関与する福祉があるわけです。

――宮沢賢治の「雨ニモマケズ」は、仏教の菩薩の生き方を説き、彼自身の願いであり、戒めであったわけで、病気の人を看病し、死にそうな人には怖がらなくても良いと言い、き方や実践を教えていますね。

重い荷を背負っている人を手伝い、争っている人を諌《いさ》め、まさに仏教の目指す福祉の生

長谷川　賢治は法華経の信仰者であり「世界全体が幸せにならなければ、個人の幸せは有り得ない」と、法華経の思想をはっきりと言っておりますが、あの詩は、まさに大乗仏教の菩薩行を説いていますね。彼のそのような生き方から、現代の我々がどのようなことを学ぶのか。その一つは人間の平等性に立脚した利他的行為だと思います。

かつての救済とか慈善と決定的に違うのは、社会福祉の場合、福祉サービスの提供者と利用者の関係、つまりケアをする側とケアをされる側の関係が、あくまでも対等でなければならないということです。それがややもすると上下関係になってしまいます。

とりわけ医師と患者の関係などは典型的な上下関係です。そうではなく、人の命の原点ということで平等関係を確立しないと、正しい福祉は成り立たない。お年寄りや障害者がおられるからこそ、介護する側の仕事も発生するし、その関わりの場で学び相互に向上をはかることも出来る。ですからその根底には平等の人間観というものがなければならない。

――世界各地でＮＧＯ活動をしている方たちの誰もが、先方の国の人たちから「豊かな心」を貰って帰ると言われていますが、福祉の問題の中でも「してやっている」「して貰って

いる」という差別感を無くすところが、福祉の心の在り方の原点でなければいけないことでしょうね。

五、自分一人のために

――長谷川先生は『仏教福祉の思想』の中で「死への福祉―臨終行儀に学ぶ」として、

死を孤独で迎える不安は察するに余りある。それだけに信仰や考え方・価値観を同じくする家族や仲間によって看取られる死は、どんなにか心強かろう。また、こうした仲間内の活動の中で、今日、叫ばれているような〝死への準備教育〟や看取りの学習が日常的に営まれていた事実も忘れてはならない。

と、臨終のことを語られていますが、以前、長岡市でターミナル・ケアを実行されている田宮仁先生に伺ったことがありますが、田宮先生はターミナル・ケアでは人が臨終を迎える準備のお手伝いをしているが、その時に参考になるのが『涅槃経』に説かれている、一人の人間としてのお釈迦さまの死への旅だと言われていました。

それと共に、自分の父王を殺したアジャセが病気に悩んだ時、お釈迦さまが自分一人のために居て下さっているという喜び、その思いによって救われたというお話が出て来ますが、高齢者に限らず死を迎える時、阿弥陀さまが自分一人のために法を説かれ、来迎されるという意識が、死んで行く人にとって、どんなにか救いになるか。また医師と患者の場合も、その「自分一人のために」という思いが大事なんですと言われていましたね。

長谷川　田宮先生は、私もよく存じ上げておりますが、その「自分一人のために」ということが、福祉にとっては一番大切なんです。

また医師やボランティア、学校の教師の立場からも、患者さんや利用者、学生の一人ひとりに即して、如何に良いサービスを提供出来るかを考えることが原点なんです。

しかし実際はどうかというと、ややもすると相対化してしまう。特に医師の場合、私自身の体験からも言えることですが、確かに診断はしっかりとするわけです。ただその中で、医師はいろいろな症例を知っていますから、その経験智に即して病人に説明をする。

一方、言われる病人にすれば、その病気は自分一人だけの問題であり、非常に辛いことだという意識が先に立ち、言うに言えない苦しみ、悩みを抱え込んでいるわけです。その相対化しえない個別の苦しみに、どう対応するかが医師や福祉専門職などに問われているのではないでしょうか。

——病人の全体像を診るのではなく、病気だけを診て判断してしまうわけですね。

六、あるがままに受け止める

長谷川　そうです。病気は同じでも、人が違えばその反応も違うわけです。

病気そのものを判った上で、その人間的な痛みを理解しようと努めることが大切です。これは私自身が病院で診察を受けて、このお医者さんは全然、私のことを判ってくれないと非常に強く実感しました。（笑）

現在の医療が、その人にしか判らない辛さにすべて対応出来るわけではありませんが、少しでも耳を傾けよう、察しようという姿勢が大事なんです。そうすれば患者さんの心も、どんなにか楽になるものか実感しました。

早川　患者が「このお医者さんは、私のためにいてくれる」と思うと同じように、医師も「この患者さんは私にとって掛け替えのない患者さんだ」と思うことが大事なんですね。そういうお医者さんが増えたなら、本当に安心して病気になれますよ。（笑）

長谷川　本当です。お互いに、お互いの声を聞こうという態度が、福祉の現場でも、もっとも求められることですね。

――それは教育の現場でも同じことが言えますね。先般、伏見工業高校でラグビー部監督をなさっていた山口良治先生のお話を伺いましたが、いじめにしても、不登校にしても、生徒の出すサインを教師は見抜いて、話を聞いてやることで、ほとんど解決できるものだと言われていましたが、正にそれですね。

長谷川　教育でも医療でも同じでしょうが、現場ではどうしても、教師にとって良い生徒なら教師も良く勉強を見てやるし、医師にとって良い患者さんだったら、医師も良く面倒を見るということがありますね。

しかし、法然上人の平等観というものは、まさに悪人は悪人ながらに、善人は善人ながら、一人ひとり人は皆違うのだから、善人であろうが悪人であろうが、仏さまがそれぞれに宿っている命を授かった人々である。

そう見るならば、正にあるがままに、という受け止め方です。そこに私たちも学ぶべきところがあるように思います。

私たちはつい「こうあるべきた、ああるべきだ」という色眼鏡《いろめがね》で物事や人を見て、こうならばこれをやってやろうという、「べきだ」という偏見を持ってしまいますが、お釈迦さま、阿弥陀さまの「あるがままに」受け止めて下さるという慈悲の心を、私たちも何とか少しでも持ちたいものです。

早川　「あるがままに」という受け止め方というのは、判っていても難しいですね。どうしても「こうあるべきだ」になってしまう。

長谷川　「あるがままに」受け止めてもらえれば、どんなに悪い心をもっていても、次第にその悪いことに気付かされ、深い懺悔の心が芽生え、次第に仏さまの慈悲の中に引き入れられるのでしょうね。これは、山口先生のおっしゃったという、生徒の出すサインを見抜いて話を聞いてやることで、いじめや不登校がなくなるというお話にも通じますね。最初から「べき像」を追いかけていくと、どんどん落ちこぼれが出てきて、大切なものを見逃してしまうことになる。

こういうことを法然上人のみ教えを受ける者として、つくづく反省させられます。

七、してもらって当たり前？

早川　親鸞聖人が、阿弥陀さまが地獄におられるのなら私も地獄に行こうと言われたそうですが、それは地獄や極楽に力点があるのではなく、ただお念仏で阿弥陀さまの本願にすがるということを強調されたのだと思いますし、本願念仏すれば病気になったら病気になったで、そのまま阿弥陀さまの命が与えられている。すべてを投げうって仏さまにおすがりするということで良いのでしょうね。

長谷川　親鸞聖人は『歎異抄』の中に、師である法然上人への信頼を表し「たとひ法然上人にすかされまゐらせて、念仏して地獄におちたりとも、さらに後悔すべからずさふろう」と言われて、法然上人のおっしゃることだから間違いないのだと、全幅の信頼をし、念仏を称えることによって阿弥陀さまの御手に抱かれるという法悦を示されています。

――やはり自分一人のために法然上人は法を説かれ、自分一人のために阿弥陀さまは居られるし、法を説いていて下さるのだという悦びなんでしょうね。

長谷川　その通りです。自分一人のために居て下さり、法を説いていて下さるという……。

医療や教育の面でも、また家庭でも、医師が、先生が、両親が、自分一人のために居てくれていて、いつも自分のことを見守っていてくれると思えば、病気も良くなるし、勉強もしようかと思えるし、親を泣かせるような悪いことをしてはいけないと思えるようになりますよ。

早川　仏教では「自他不二」と言いますが、福祉とは、だれもが幸せに、安穏《あんのん》に生活出来るようにということでしょうが、最初に長谷川先生が言われたように、介護される者と、介護する者との間に差別があるわけではない。そうであるならば、介護される側も「ありがたい」という感謝の心を持つべきですが、どうも「してもらって当たり前」という姿勢だけが目立つ。
ここにも仏教として、世の中に「当たり前」ということは無いのだということを教え、その上で自分は何が出来るのだろうかと考えなさいと教える必要があると思うのですが……。

長谷川　確かに世の中には「当たり前」ということは無いのであり、だからこそ「恩」ということを教えているんですね。その恩ということがややもすると「国、師匠、主君、会社、雇主の恩」というように、封建的な上下関係を強調しているかのように受け取られかねません。そうではないので、人として社会生活を送っている中で生かされているからには、実に多くの人々の恩、重々無尽の縁につながる恩を受けています。そうであるならば、そんな中で、自分は他に対して何が出来るのだろうかと考えるようになりましょうね。

八、共生きの心を原点に

――恩という字は「因となるところに思いを馳せる心」ということですから、その因への感謝の気持ちが大事なんですね。

長谷川　そうです。社会というところはお互い様で、一緒に生かし生かされているところで、相互扶助が基本になければ成り立たないものです。ですからおっしゃるように、恩をもっと現代的に説く必要がありますね。

――浄土宗の高僧で、東京の増上寺法主だった椎尾弁匡師が「共生《ともいき》」の心を盛んに言っておられましたが、そこのところなのですね。最近は政治家も「共生《きょうせい》」などと言い出していますが、共生《ともいき》の心は福祉の原点ですし、仏教としてもっと強調しても良いですね。

早川　ただ、戦後は権利ばかりが強調され、「人は、健康で文化的な生活を送る権利がある」などと憲法にも明記されていますが、その権利を誰が与え、誰に対して主張出来、誰がその義務を負うのか。権利だけが明記されていて良いのかと疑問に思いますね。

長谷川　国がその権利を与え、義務を負うのでしょうが、その基本は国民の一人ひとりのところへ戻ってくるわけで、そこのところを弁《わきま》えないと、権利ばかり強調するようになってしまいますね。

早川　権利を主張する裏側には、自分のなすべき義務もあることを、もっと一人ひとりが確認しなければ、権利の主張だけが一人歩きしてしまい、福祉そのものが変な形になってしまう恐れがあります。

長谷川　故《ゆえ》なき権利だけを主張すると、価値観が逆さまになってしまい「利権主義」になってしまいます。そして自分の利権を獲得し、擁護するための主張になってしまいます。私も良く存じませんが、権利の考え方について欧米では、権利の大本《おおもと》は神の方にあって人と神との契約で賜《たまわ》ったもので、したがって何でもかんでも振りかざして主張することは、神への冒涜《ぼうとく》だという意識がある。ですから権利の源泉がどこにあるのかということがはっきりとしている。ところが日本にはそういう意識がない。そんなところへ戦後、権利意識が入ってきたのですから、戸惑いがあるのは仕方のないことでしょうね。

――日本人は権利よりも、「お陰さま」という意識の方が強かったのではないでしょうか。

長谷川　そうですね。その「お陰さま」が薄れ、反面で権利意識が強くなってしまったというギャップがあります。ですから日本人として、仏教徒として権利の思想や人権というものに対する、日本人としての受け皿としての哲学というものを構築する必要があります。

九、無財の七施と福祉

早川　仏教では「縁起・空・無我」などという考え方が根本にあるのですから、その基本的な考えの上に、現実の問題に則して権利の思想を構築すれば良い。無我ですから権利と義務は不二であり、その十全な行使は布施―忘己利他であると説明すれば分かりやすいのではないでしょうか。

――福祉社会の構築ということで、仏教では布施ということを教え、その中でも「無財の七施」があり、このことは長谷川先生も「仏教と福祉問題」の中でも主張されて居られますが、私ども『心の糧』でも「無財の七施」運動を展開しております。この七施は、正に福祉の現場でも、また福祉社会を支える根本的な心かと思いますが、如何でしょうか。

長谷川　正にその通りです。私どもの大学で長年お勤めいただき、名誉教授であった厚生省出身の植山つる先生という方がおられ、高齢になられても常に新しいことを積極的に手掛けられた先生ですが、この植山先生がある時私に、

「長谷川先生、私は一日に三人のお年寄りに声をかけることを心掛けているのよ」

とおっしゃいました。

「自分自身もそうだが、お年寄りは案外に孤独で寂しい。ですから特別にということでなく道を歩いていて、公園で、乗り物の中でと、いろいろなところで気軽に話しかけると、先方も大変に喜んで話をしてくれますよ」

とおっしゃっていたことが大変に印象強く残っています。冒頭で、福祉社会は高齢者が介護を享受するだけではなく、自分には何が出来るのかという、福祉の担い手となる積

極性が大事だという話が出ましたが、正にそれなんですね。

――話しかけることは愛語施であり、相手を慈しむ和顔施であり、慈しみの目で見る慈眼施であり、心のより所となってあげる床坐施の実行でもあるわけですね。自分の心がけ次第で誰でもが出来ることですよ。

早川 それが仏教の教えの素晴らしいところであり、そこをもっと積極的に展開しないといけませんね。

長谷川 戦後、比叡山の麓で「近江学園」という重度の心身障害児の福祉施設を設立されたクリスチャンの糸賀一雄という先生がおられましたが、この先生に「この子らを世の光に」という有名な言葉があります。

普通ですと「この子らに世の光を」と援助を求める言い方をしますが、糸賀先生は、これらの子を社会の担い手として認めて「この子らを」と言われた。その糸賀先生が最後の講演の時に話されたことが、仏教の「無財の七施」で、大変に印象的なことでした。

――誰もが、しようと思えば、何時《いつ》でも、何処《どこ》でも出来るのがこの「無財の七施」ですから、日常的に簡単に出来るこの布施行が、福祉社会を構築する全国民の心の根底に根づくよう、『心の糧』でも積極的に、継続的に宣伝して行きたいと思います。

第五　対談「孤独死は、生き方の問題」

対談者：中沢　卓実（常盤平団地自治会会長）
長谷川匡俊（淑徳大学学長）
進行役：結城　康博（淑徳大学准教授）

一、生き方を考える

結城　まず、孤独死の課題について、長谷川学長の考えを述べていただきたいと思います。

長谷川　先だって常盤平団地（東京都板橋区）をお訪ねし、中沢会長から実情をうかがいまして、「いきいきサロン」、そのほかについてもご案内いただきました。また、NHKスペシャル「ひとり団地の一室で」も拝見し、あらためてこの「孤独死問題」を考えたときに、社会問題であるとともに、これはどうも「人間の生き方」に関わる、いわば人間学的なテーマではないかという印象を強く受けたわけです。

例えば、仏教の場合に、生と死について「生死一如」という捉え方があります。要するに、生と死は紙の表と裏のような関係でひとつである。したがって、死があるからこそ、生の充実というものを人間は期していくのではないか、とそういうふうに思うのです。そうすると、どのような生き方をしていくか、ということが重要になります。

先だっておうかがいした中沢会長のお話にもありましたように、まさに孤独死問題をとおして、団地住民の方々が勉強会を開きながら、よりよき生き方とは、ということをお互い意識して日頃の活動に励んでおられると、強く感銘を受けたのです。

結城　では、この「生き方」について、会長のお考えはいかがですか？

中沢　今まで孤独死は、あまり社会では意識されていなかったようですけれども、私どもでこの孤独死問題に取り組みまして、学ぶことが非常に多いと感じました。素朴なことですが、人間というのは、人と人の間と書いて「人間」といいます。あらためて、人間とは何なのかということを考えさせられました。

確かに、生まれた時も一人、亡くなる時も一人かもしれませんが、それでも生まれる時だって、産婆さんがいたり家族がいたり、病院であったり自宅であったりして、他者との関わりのなかで生まれてくるわけです。亡くなる時もそうだと思うのです。病院で亡くなったり、自宅で亡くなったり、みんなに惜しまれて亡くなったり、するわけです。ですから、人と人との間というのは、やはりそこが一番モトになっているのではないかと。間の大切さというか、このかかわりのなかで人間が存在しているということをあらためて感じさせられました。

長谷川　学生たちを見ていても、人と関わることに対して尻込みする、なるべくなら「触れたくない」「触れないでほしい」という学生が少なからずいます。お話をうかがっていて、孤独死ゼロ作戦というのは、実は人間の生き方を共に考えていこうという運動なのだと、そして、今の学生たちに対しても非常に大切な問題を投げかけているのだと、強く感じています。

中沢　私が孤独死問題から何を学んだかというと、人間が本来もっている原点に立ち返れ、ということなのです。人間というものは、みな関わりをもって生きている。それなのに原点を忘れている。人間という言葉をみても、人という文字は支えあうという意味を形で表していて、そして「間」はコミュニケーションということでしょう。人との関わりのなかで自分は生かされていると、そういうことが文字にも表れているわけです。

自分は自分で、俺のことは俺が勝手に決める、何をしようと指図されることはないと思っている人もいるかもしれません。しかし、現実は、自分を支えてくれるのは多くの人たちであり、社会であり、仲間なのです。このことを、この場を借りて、私は強く訴えたいと思います。

長谷川　確かに、一般的に社会は、人のことは人のこと、自分のことは自分のことと、分けて考えるようになっています。しかし、人のことも実は自分のことに返ってくるのだという受け止め方を、もしかして世のなかがおろそかにしているのかもしれません。これはやはり、教育活動のなかでしっかり教えていかなければいけない。

その意味では、会長もおっしゃるように、死をタブー視するのではなく、そこから学びとっていくことも大切だと思うのです。

中沢　そうですね。もし、親戚や友だちの死に直面したら、生きることの尊さをそこから学びとってほしい。その人はどういう死に方をしたのか。寂しかったのか、幸せだったのか。死は生きる鏡なのです。どう死ぬかということは、どう生きたかということに関わってくると思います。死というのは人生の最期ですから。

孤独死の問題を考えると、命とはどういうことなのか、死とは、生とは、そういう本質的なことまで考えざるを得なくなります。

二、孤独死で亡くなった方が教えてくれたこと

結城　中沢会長は孤独死で亡くなった方の姿をみて、亡くなり方は嘘をつかないと、よくおっしゃいますが、どのような意味なのでしょうか？

中沢　例えば、孤独死で亡くなった方をずっと見ていますと、親子の断絶、あるいは夫婦の断絶といったように、いろいろな過程はあるにしても、家族や友だちを大事にしていない方々が多いのです。そのような方は、一番大切なものを失った生き方をしていたと感じます。

　身内の人からいろいろと話を聞きますと、子どもを育てる時に、愛情をお金に換えていた。お金をあげて、子どもに対する教育をきちんとしていなかったといいます。お金をあげて飯を食わしている。お金があれば何でも出来るかもしれませんが、そこに一番肝心な「愛情」というものが欠けている人生だったのでしょう。

長谷川　心が通ってない……。

中沢　そうです。現代社会の歪み、あるいは心の空洞化とも言える、それがどういう形で現れているかというと、孤独死という結末になってしまう場合もあるということです。

多くの場合、思いやりが欠けている、孤立した生活、人々とのつながりがない、というように、「ないないづくし」というキーワードで表現できます。この点に私たちは非常に強い印象を受けていまして、「ないないづくし」の暮らしが、結果的には孤独死につながる可能性が高いのではないかと思うのです。つまり、これは誰でも孤独死予備群になりうる要素をもっているということにもなるのではないでしょうか。

結城　学長は、今の中沢会長の指摘された点については、どうお考えですか?

長谷川　これは本当に大切な視点で、価値観の問題ですね。人生観と言いますか。物のように計量できる、そういうものに対して価値をおく。例えば物質的なものもそうですし、名誉や地位もそうだと思うのですが、ある種の外在的な価値を重視することも大切だけれども、むしろ内在的もしくは内面的というか、人と人との関わりを大切にする、思いやる、そういう内面的なものに価値をおくことも大切なのではないでしょうか。つまり、人生の充実というのは、内面的な価値と外面的な価値のバランスがとれて、はじめて感じることのできるものだと思うのです。

そういう意味では、まさに中沢会長が言われたような、「物で栄えて心で滅ぶ」というような、極めてバランスを欠いた社会になってしまう危険性があります。ものが豊かになるということは大切なことですが、そのツケが心の貧しさを生むようであってはいけないのです。

中沢　ええ。それからもう一つ申しあげますと、孤独死をずっと見ていると、「ないないづくし」と簡単に言いますが、ないないづくしの実態は、本当に恐ろしいと思います。

①「配偶者がいない」、これは夫婦の間では必ずあり得ることですよ。どちらかが先に亡くなる場合がほとんどなのですから。②「友だちがいない」、③「会話がない」、④「身内と連絡しない」、⑤「あいさつをしない」、⑥「近隣関係がない」、⑦「自治会や地区社協の催しに参加しない」、⑧「人のことはあまり考えない」、⑨「社会参加をしない」、⑩「何事にも関心をもたない」、といった感じです

長谷川　要するに自分中心で、なおかつ周りとの関係を絶つ、そういう面が非常に強いということですね。

一般に、中高年の男性に孤独死の方が多い傾向にあり、一人暮らしになった時に、男性の生活力が弱いと言われます。これはどうしてなのかといえば、いろいろな考え方があると思いますが、男性の場合、どちらかというと仕事中心の人生、人生観そのものが職業とか仕事が中心になってしまう。一方、女性の場合、その辺のバランスといいますか、特に生活の拠点は家庭ですし地域ですから、職域との関わりもとりながら、生活の基盤である家庭や地域との距離のとり方が、非常に巧みなのではないかと思います。

その点、男性の場合は仕事を失うと、人生の終わりであるかの如く考える、そういう面もあるわけです。

三、地域福祉の視点から

結城 ところで、中沢会長には現場にいらっしゃる立場から、地域福祉のあり方についてお考えを述べていただきたいのですが。

中沢 これからの「地域福祉」のあり方というのは、たいへん重要なテーマだと思います。が、孤独死の実態をみると七〇%が男性で、三〇%が女性です。このことは、家庭の主婦だった人たちは強いということを意味しているかもしれません。

女性は何が強いのかというと、まず今晩のおかずは何にしようかと考える、買い物に行く、料理を作る。一方、男性は料理をしない人がほとんどです。これは、一番大事なことです。衣食住のなかでも根源的なものですから。

それから洗濯をする、掃除をする、子育てをする、子どもの教育に携わる。さらには知り合いをつくることによって、一般的に女性は自分たちの住んでいる地域に明るいのです。つまり、私に言わせると、昼間の主役は主婦で、地域福祉を進めていく場合に核となり、中心的な役割を果たすのです。

地域福祉の主役は主婦である、あるいは女性であると言っていいと思います。女性の役割というか、女性の地域における強さをどうやって日頃の活動に活かしていくか、これが一番問われています。

結城　中沢会長のお話を踏まえて、それでは、地域福祉について学長はいかがお考えですか。

長谷川　いまのお話の関連で考えますと、男性の場合には競争社会のなかで仕事に従事してきて、わりあい身の回りのこととか、仕事を離れた人間関係が必ずしもうまくない場合が多いわけですね。名誉とか地位とか、プライドにこだわる傾向があります。そういう点からすると、先ほども申し上げましたように、女性は家庭とか地域という生活の場、生活の拠点というようなものに大変意識が高い。

例えば、「まつど孤独死予防センター」での、担当の方々の活躍ぶりなどにしましても、男性とは異なる対応で、やはり女性の方特有の受け止め方というものが、こうした深刻な問題に対して非常に温かく、きめ細かくそれを見守っていく、そういう姿勢を強く感じました。つまり、女性はコミュニケーションのとり方がうまい。

中沢　「いきいきサロン」の場合でいうと、ＵＲ都市機構と交渉して店舗を借りるとか、家賃を半額にするとか、そうした「つくる側面」では、男性が大いに力を発揮するんですね。

しかし、つくった後の運営面については女性に任せます。具体的にいうと、お茶を出すにしても、お客さんに気配りをするにしても、男性は口を挟んだらまずいですよ。信用して任せる。これはすべての分野にいえると思います。

孤独死を発見する場面でもそうです。その人の自宅の中に最初に飛び込んでいくのは男性の役割になっています。生きているのか死んでいるのかわからないなかで、警察より先に飛び込むのですから……。私どもは孤独死の現場をできるだけ見るようにしています。どういう状況で亡くなっているのか。「死んでいるのか」「生きているのか」によって対応が違いますから。

長谷川 確かにホームレスなどにしましても、日本の場合には大部分が中高年の男性ですよね。女性の場合には日常の生活という点で、非常に近隣の方々とよい関係が取れているので、そういう意味での身の回りの生活力ともいうべきものが長《た》けているような気がしますね。

中沢 そうですね。私どもは孤独死の問題を地域福祉の重要な課題としてとらえているのですが、本格的にこのような形で実践しているところはあまり例がないと思います。

長谷川 淑徳大学の創立者が、大学の使命の一つとして「地域開発」を掲げています。地域で起こっている福祉や教育などのさまざまな問題に対して、学生が地域活動をさせていただきながら学び、かつ地域に貢献していく。そういう視点からも、ぜひこの常盤平団地に学生を連れて行き、いろいろとご指導いただきたいですね。

そして、地域における福祉実践の資質や能力を学生時代に身につけていくためには、地域の現場に学ぶということを、大学自体が正規のカリキュラムのなかに位置付け、施設ばかりでなく、地域現場でフィールドワークを展開していく必要を感じます。

四、「あいさつ」の力

中沢　「孤独死は行政がなんとかしてくれる」。つまり、あなた任せになってしまう危険性があります。私たちが注目するゆえんは、住民自らが孤独死の問題を位置付けているからです。それによって、自分たちの生活習慣を改めるということ。そして、地域の幸せを皆でつくろうとするならば、どういうことが大事かが問われることになります。

そこで私たちが結構腐心するのは、言ってみれば、おじいちゃん、おばあちゃんから、若い人たちまで共通して理解されるものは何かということです。そうして行き着いたのが「あいさつ」することでした。誰でも参加できる、納得できる、それは「あいさつ」をすること。地域でこの運動を高めていこう。あいさつは孤独死ゼロの第一歩なのです。

「あいさつ」はその人の幸せをつくっていく第一歩になることを〝発見〟しました。このあたりまえのことを、孤独死のなかから学んだのです。あいさつすることによって、近隣との「ないないづくし」を、「あるあるづくし」に変えていけるのです。

結城　中沢会長のおっしゃることは、大事なところだと思います。学長は、どうお感じですか？

長谷川　ある学生が、四月に入学した時、周りを見ても誰も友だちもいない、先生と話をするといってもなかなかきっかけがつかみにくい。これを何とかしようと本人が考えた末、まず「あいさつ」から始めようということで、友だちにあいさつをする、相手がそれに対して応えなくても、とにかくへこたれずにあいさつをした。先生にもあいさつをした。

そのあいさつをしているうちに、次々と友だちが出来て、また同時に先生方との間のコミュニケーションも図れるようになった。やはり自分があいさつを心がけたことで、友だちや先生とよい関係ができて本当によかったということを語っていましてね。これはまさに中沢会長が、あいさつは第一歩として大切だとおっしゃったことに通じると思うのです。

それから、もう少し深い次元で心の問題を考えていく時に、私はいま、大学の授業からちょっと離れているのですが、少し前まで、試験の時に三年間連続で同じ問題を出していたのです。ある方が書かれていることにヒントを得たのですけれども、およそこういう問題なのです。

一つ目は、【あなたに残された時間、つまり余命は半年ですと医師から告知されたと仮定して、第一に、自分の人生を振り返ってみて、（だいたい二〇歳前後の学生ですが）自分の人生の意味とは何なのかを考えてください】

二つ目は、【残された時間に何をするか、どうやって過ごすか】

三つ目には、【自分が最も大切にしている人に対して、伝えておきたいことは何か】

その三つについて考えてください、という課題なのです。

これは、試験を行う一週間ぐらい前にあらかじめ、こういうことについて考えておくようにと言って、出題しておきます。もちろん試験の当日は一切の持ち込みなしで、自分がそのことについて考えてきたことを書く。ひたすら書く。もう皆、時間いっぱいびっしり書きます。各自オリジナルなものを書いている。確かに中身をいくつかにパターン化すればできないことはないけれども、若い学生でも非常に考えているなと感じます、自分の人生の意味というようなものについて。

それはつまり、死は現実的ではないかもしれないけれども、死と向き合うという機会を教育のなかでいろいろセットしていくことが、大切なのではないだろうか。そうすることによって自分の内面を見つめ、あるいは自分が生きてきたプロセスのありがたみとか、親のありがたみとか、友情とか、そういうことが綿々と語られていくわけです。このことはやはり、福祉教育のなかで大変重要なことですし、中沢会長がおっしゃった心の問題、心を見つめ直す、それでこそ相手の心を大切にできるのではないかと、そういう問題を学ぶ機会として、非常によかったと思っています。

中沢　一番大切なことは、本当の喜びは何なのかということだと思います。人生にとって一番の喜びとは何なのか。それは相手の喜びをもってわが喜びとする。私はこれが大事なことだと思います。

もっと言葉を換えて言うと、人のために、世のために尽くすことをもってわが喜びとする。それは自分の生き方にもかかわってくる。自分がいい生き方ができるかということですね。ですから、自治会の役員とか会長になれば一生懸命やるわけですよ。講演もそうです。いろいろな学校に呼ばれて講演をする機会がありますが、学生さんにわれわれ社会人が経験してきたことを一生懸命伝えようと頑張っています。人のために尽くす喜びを学生さんにもわかってほしいですから。

私は講演をいつもこんな言葉で締めくくるんです。

「共に喜ぶことは二倍の喜び。共に苦しむことは半分の苦しみ」。

地域であろうと、家族であろうと、友だちであろうと、共に喜ぶ、共に悲しむ。ここが大事なところなのです。とても含蓄《がんちく》に富んだ言葉だと思っています。

長谷川　これまで中沢会長のお話をうかがっていて、「あいさつ」がまず関わりをもつ第一歩で、これが運動的に広がってきているということをお聞きし、素晴らしい実践だと改めて思いました。

私は、地域に活力が出てくるということが、地域福祉の原点だと思います。その活力は、声で表される、声が聞こえてくるということです。あいさつの声というのは、その最も基本的なことだと思うんですよ。

最近、私は「地に三声《さんせい》あり」、ということを言っています。これは高度経済成長期以前の村共同体が存在していた時のことを表したものです。どういう三声かというと、一つは例えば地域にある寺や神社などの祭礼行事で、お経や祝詞《のりと》やあるいは鉦《かね》や太鼓やというような、祭礼行事に集まる人たちのさまざまな声。もう一つは年齢が異なる集団の子どもたちの声。「子ども組」って昔はありましたけれども、そういう歳の異なる子どもたちが遊びをとおして、社会性なり社会力を身につけていくときの、活気あふれる声。三つ目は、かつては近隣や一村のなかでお互いに協力し合いながら田植えをやったり、稲刈りをやったり、道普請をやったり、そのほか漁村であれば、山村であれば、それぞれの地域の生業に即して協力する。そのときの労働の唄声、民謡などが典型です。

しかしいつの間にか、地域から祭礼行事等の鉦や太鼓、集まる人たちの声が消え、それから子どもたちの声も消えていき、かつ労働の唄声も消えてしまっている。このような三声をどうやって再生ないし新生させるか、地域再生の課題です。常盤平団地では毎年夏の盆踊りの折に多くの方々が集まってくるそうですね。つまり、地域の活力としての結衆、人と人との関わりがあってこそ、声が聞こえてくるわけで、それが大切だと感じます。

中沢 貴校の場合もそうですが、これから地域福祉なり、社会福祉なり、施設なり、福祉と名のつくところで働く、本当に勇気をもって仕事を全うしていく。そういう強い意志を大学の時から育てていかなくてはいけないということを考えたときに、私がふと気がついたのは、「福祉、福祉」と簡単に言うけれども、「福祉」とはなんのことなのか教えていないのではないかと思ったのです。

福祉という言葉を使って、すべて〝ごまかしてはいないか〟、福祉とは何なのか、社会福祉と地域福祉はどう違うのだと。「地域福祉、地域福祉」と大きく叫ばれているが、地域福祉に携わるということはどういうことなのかと。

私がある所で申し上げたことなのですが、福祉というのは、「福」も「祉」も、語源は全部「幸せ」という言葉です。「福祉」と言ったときに、「幸せづくり」ということを意味するのだと。地域福祉と言った場合に、地域の幸せをどうやってつくっていくか。そうすると、人々の喜びをもってわが喜びとできるかどうか、ということに関わってくるのです。そこのところが、生きた教育というか、心の教育というか、私はそれをきちんと教えていないような感じがします。

ですから、私どものように実際に活動している者が、大学や専門学校で話をすると非常に感動を呼ぶのです。切実感が伝わるのです。それは、ありのままの話ですから。

五、死生観について

中沢　これから社会に出て行く学生さんたちに、死生観というか、人間にとって何が一番大事かと問うと、「命」の尊さと言いますけれども、本当にその尊さを教えているのか、私はいつも疑問に思います。

ある大学で講演をした後、学生からこんな感想が寄せられました。孤独死の話を初めて聞きました、と。一人で亡くなって日数が経てば、虫の食い物にされて、悲惨な状態で最期を迎えることになる。死は、みんなが集まって惜しい人を亡くしたと言って、みんなが悲しんで、みんなが送って、帰らぬ人に対して別れを惜しむ、これが「死」だと思っていた、というのです。孤独死というのはそうではない。一人でいつの間にか亡くなって、それで長期に発見できなかったという悲惨な状態で死を迎えるというものなのですね、と。

長谷川 今、会長さんは、死生観の教育がしっかりできていないのではないかとおっしゃいましたが、この点は大いに反省すべきところです。死生観教育とは言わなくとも、福祉を問うとき、生活者の視点ということは盛んに言われていて、それも大切な視点ですが、長寿社会にあっては、それに加えて「死への福祉」という視点がますます重要になってくると思うのですね。

後期高齢者の比率がどんどん高まるということは、それだけ死と向き合う時間が長くなるということですし、また医療テクノロジーの進化・発達に伴って、延命（再生）医療も行われるようになって、生命倫理の問題などが出てきています。そうするとやはり、死への視点の必要性と同時に、その死への視点を支えるものとして、私は宗教的なものとか、スピリチュアルな面への目の向け方とか、それらが大切になってくると思うわけです。

人生とはどのような意味をもつものかとか、死んだらどうなるのかとか、また生きている間に人に迷惑をかけたり、禍根《かこん》を残したり悔いをもっているとしたら、それらをどう清算したらいいのだろうかとか、心の内面に目を向けていくことを抜きにしては、福祉的な援助も上滑りしかねない、という気がしてならないのですね。

中沢　福祉系の大学はたくさんありますね。ところが大学のなかでは、死生学という学科がないのです。私は各大学を調べたことがあるのですが、「死の哲学」あるいは「生の哲学」といった講義を開講していたのは、上智大学のアルフォンス・デーケン先生だけでした。

長谷川　淑徳大学でも一時、死生学とはいいませんが、「死生観」「生と死」というテーマで科目を設定した時期がありました。今も「生と死の文化」という科目はありますし、「生命倫理」もあります。看護や社会福祉の専門職教育のなかで、大切にしていかなければならない学びでしょう。

六、まとめ

結城　時間も限られていますので、最後にお二方にまとめをお願いします。

中沢　孤独死の対応のなかから学んだことは、人間どう死ぬかということは、「どう生きるか」ということにつながっている。これを再発見しました。人間の死亡率は一〇〇％だということを、わかっていたようだけれども、あらためて気づかされました。つまり、人間は死ぬことを自分では選べない、ところが人生とか生き方は選べる。だからよりよい方向に自分を選択する。悪い生活習慣を改めるということも含めてですね。生きることの喜びをみんなで共有していきたいと、このことを強く感じました。

長谷川　中沢会長のように地域のなかでリーダーシップをとって、孤独死の問題解決に全力を傾けられている、その現場に福祉系の学生を送り出せるようにしていくことが大切だと思います。やはり、地域では、日々、問題が次々と起こっているわけです。まさに制度の谷間の問題に、じかに学生が触れることによって学ぶ意義は大きいと思います。ぜひ、現場から学ぶという姿勢を福祉系の学生たちと共有していきたい。また、地域の方々と一緒に考えさせていただくような、そういう機会を得ることができればと思っています。

結城　今日は、ありがとうございました。

初出一覧

I　仏教と福祉の結合

第一　仏教と福祉の結合から見えてくるもの（『季刊・仏教』五一。法蔵館、二〇〇〇年）

第二　仏教の共生と福祉（『共生科学』第六巻所収、「共生の仏教福祉」を改題、二〇一五年）

第三　支え合う社会に（『仏教看護・ビハーラ』第八号。仏教看護・ビハーラ学会、二〇一三年）

II　仏教福祉の思想と実践

第一　法然の法語にみる仏教福祉の思想（浄土宗総合研究所編『教化研究』第八号所収、「法然の法語に福祉の思想を問う」を改題。浄土宗総合研究所、一九九七年）

第二　念仏聖貞伝の仏教福祉（『長谷川仏教文化研究所年報』第二九号所収、「津軽の念仏聖の勧進と民衆救済」を改題。長谷川仏教文化研究所、二〇〇五年）

第三　原青民にみられる信仰と福祉実践（法然上人八百年大遠忌記念論文集『現代社会と法然浄土教』所収、「明治の念仏僧・原青民の研究」を改題、二〇一三年）

第四　戦後仏教教団における社会福祉事業の変遷と特徴（『戦後仏教社会福祉事業の歴史』所収「序」「結語」を改題。法蔵館、二〇〇七年）
第五　宗教社会福祉の独自性と仏教社会福祉研究の課題（『日本仏教社会福祉学会年報』第四八号所収、「学会五十年の学びと今後の課題」を改題、二〇一八年）

Ⅲ　「死」の福祉

第一　往生人にみる福祉と仏教（小林孝輔・吉田紹欽・峰島旭雄・吉田久一監修『現代日本の仏教1 生死観と仏教―人の死とは何か』所収、「『往生伝』の人びと」を改題、平凡社、二〇〇〇年）
第二　「死への智慧」を学ぶ（『大法輪』第六二巻一二号、一九九五年一二月）
第三　仏教の医療福祉（日野原重明他監修『医療福祉学の道標』金芳堂、二〇一一年）
第四　対談「自分一人のために」（『心の糧』三八一号・三八二号、(財)仏教振興財団、二〇〇一年）
第五　対談「孤独死は、生き方の問題」（中沢卓実・淑徳大学孤独死研究会共編『団地と孤独死』中央法規出版、二〇〇八年）

おわりに

このたび本書の刊行を思い立ちましたのは、浄土宗教師として、宗祖法然上人御忌《ぎょき》大会（大本山増上寺）の唱導師を拝命したことに対するささやかな宗祖への報恩行からです。

当初は二〇二〇年（令和二）四月七日の日中法要を務めさせていただく予定でしたが、新型コロナウイルス感染症拡大の中で、同年三月初旬、御本山は感染防止、安全・安心を第一とし、唱導師による法会をそのまま一年延期するという英断を下されました。その後における感染症拡大の推移をみれば、まさに適切な御判断であったと敬意を表する次第です。

一年延期の発表から一ヵ月後、ちょうど筆者が唱導師を務めさせていただく予定日（四月七日）に、政府による「緊急事態宣言」が埼玉・千葉・東京・神奈川・大阪・兵庫・福岡の七都府県に発出され、期間は五月六日までとなりました。手洗い・消毒・マスクの着用、三密を避けること、外出自粛などが要請されるなか、飲食店や旅館・ホテル業界の営業など、社会経済活動への負の連鎖も急速に広がっていきました。

また、これより後の諸会議・行事等は、オンライン開催を含めて、感染防止策を講じての対応となりましたが、中止・延期・書類決議のケースもあり、後に課題を残しました。筆者が関係する学校法人の傘下各校も様々な困難に直面しつつ、学生・生徒・児童・園児の安全・安心に配慮した教育活動に活路を見出していったのです。皮肉なことですが、この緊急事態宣言下における一月のほか、八月末までの期間に何度か「巣ごもり」に入る機会を得たのは、本書の刊行計画を実現するうえで後押しとなりました。

コロナ禍の中で、前述のマスク着用や三密回避など、いわゆる「新しい生活様式」には、それにふさわしい「新しい生活倫理」の構築が望まれます。この点を筆者は「コロナ時代を生きる三つの用心」に置き換えて、「信頼の心」「感謝の心」「利他の心」を提起していますが、詳細は別に譲ります。なお、本書を構成する内容の多くは歴史的視点からのアプローチに依っています。筆者の専攻によるという理由ばかりでなく、こうした先行き不透明かつ危機の時代には、過去の歴史の教訓を真摯に学ぶことが欠かせないのではないでしょうか。

むすびに、本書の出版にあたり、国書刊行会・佐藤今朝夫社長にお礼申し上げるとともに、編集担当の国書サービス・割田剛雄氏、吉原悠氏の懇切なご助言に謝意を表します。

二〇二一年（令和三）一月吉日

長谷川　匡俊

長谷川 匡俊（はせがわ　まさとし）

1943年　東京都豊島区生まれ
1967年　明治大学大学院文学研究科修士課程修了
専攻：日本仏教史、日本社会福祉史、仏教福祉
現在：大乗淑徳学園理事長、淑徳大学名誉教授

主な著作：『近世念仏者集団の行動と思想』（評論社）、『近世浄土宗の信仰と教化』（溪水社）、『人物でつづる千葉県社会福祉事業の歩み』（崙書房）〈編著〉、『近世の念仏聖無能と民衆』（吉川弘文館）、『念仏者の福祉思想と実践──近世から現代にいたる浄土宗僧の系譜』（法藏館）、『支え合う社会に──宗教と福祉と教育と』（高陵社書店）、『長谷川良信の生涯─トゥギャザー・ウィズ・ヒム─』（長谷川仏教文化研究所）、『近世浄土宗・時宗檀林史の研究』（法藏館）ほか。

仏教福祉の考察と未来 ―仏教の死生観―

2021年3月7日　第１版第１刷発行

著　者　長谷川匡俊
発行者　佐藤今朝夫

〒174-0056 東京都板橋区志村1-13-15
発行所　株式会社　国書刊行会
TEL.03(5970)7421(代表)　FAX.03(5970)7427
https://www.kokusho.co.jp

ISBN978-4-336-07129-3

印刷・製本　三松堂株式会社